VIDAS DESPERDIÇADAS

Obras de Zygmunt Bauman:

- 44 cartas do mundo líquido moderno
- Amor líquido
- Aprendendo a pensar com a sociologia
- A arte da vida
- Babel
- Bauman sobre Bauman
- Capitalismo parasitário
- Cegueira moral
- Comunidade
- Confiança e medo na cidade
- A cultura no mundo líquido moderno
- Danos colaterais
- O elogio da literatura
- Em busca da política
- Ensaios sobre o conceito de cultura
- Estado de crise
- Estranho familiar
- Estranhos à nossa porta
- A ética é possível num mundo de consumidores?
- Europa
- Globalização: as consequências humanas
- Identidade
- A individualidade numa época de incertezas
- Isto não é um diário
- Legisladores e intérpretes
- Mal líquido
- O mal-estar da pós-modernidade
- Medo líquido
- Modernidade e ambivalência
- Modernidade e Holocausto
- Modernidade líquida
- Nascidos em tempos líquidos
- Para que serve a sociologia?
- O retorno do pêndulo
- Retrotopia
- A riqueza de poucos beneficia todos nós?
- Sobre educação e juventude
- A sociedade individualizada
- Tempos líquidos
- Vida a crédito
- Vida em fragmentos
- Vida líquida
- Vida para consumo
- Vidas desperdiçadas
- Vigilância líquida

Zygmunt Bauman

VIDAS DESPERDIÇADAS

Tradução:
Carlos Alberto Medeiros

Copyright © 2004 by Zygmunt Bauman

Tradução autorizada da primeira edição inglesa publicada em 2004 por Polity Press, de Cambridge, Inglaterra.

Grafia atualizada segundo o Acordo Ortográfico da Língua Portuguesa de 1990, que entrou em vigor no Brasil em 2009.

Título original
Wasted Lives: Modernity and Outcasts

Capa e imagem
Bruno Oliveira

Novo projeto gráfico: 2012

Dados Internacionais de Catalogação na Publicação (CIP)
(Câmara Brasileira do Livro, SP, Brasil)

Bauman, Zygmunt, 1925-2017
    Vidas desperdiçadas / Zygmunt Bauman ; tradução Carlos Alberto Medeiros. – 1ª ed. – Rio de Janeiro: Zahar, 2022.

    Título original: Wasted Lives: Modernity and Outcasts.
    ISBN 978-65-5979-038-8

    1. Civilização moderna – Aspectos morais e éticos – Século 21 2. Globalização – Aspectos morais e éticos 3. Marginalizados 4. Política populacional – Aspectos morais e éticos 5. Refugiados políticos I. Título.

21-85847   CDD: 304.8

Índice para catálogo sistemático:
1. Política populacional : Sociologia 304.8

Cibele Maria Dias – Bibliotecária – CRB-8/9427

[2022]
Todos os direitos desta edição reservados à
EDITORA SCHWARCZ S.A.
Praça Floriano, 19, sala 3001 – Cinelândia
20031-050 – Rio de Janeiro – RJ
Telefone: (21) 3993-7510
www.companhiadasletras.com.br
www.blogdacompanhia.com.br
facebook.com/editorazahar
instagram.com/editorazahar
twitter.com/editorazahar

· Sumário ·

Introdução   7

1. No começo era o projeto   17
Ou o refugo da construção da ordem

2. Serão eles demasiados?   47
Ou o refugo do progresso econômico

3. A cada refugo seu depósito de lixo   81
Ou o refugo da globalização

4. A cultura do lixo   119

Notas   167

Agradecimentos   173

· Introdução ·

Há mais de uma forma de contar a história da modernidade (ou qualquer espécie de história). Este livro é uma delas. Falando sobre Aglaura, uma das cidades bizarras, mas estranhamente familiares, relacionadas em *A cidade invisível*, de Ítalo Calvino, Marco Polo afirmou que com dificuldade poderia ir "além das coisas que seus habitantes sempre repetiram", mesmo que suas histórias destoassem daquilo que ele próprio julgava estar vendo. "Você gostaria de dizer o que ela é, mas tudo que já se disse sobre Aglaura tem o efeito de aprisionar suas palavras e obrigá-lo a repetir, em vez de dizer." E assim, abrigados em segurança pelas muralhas da cidade, feitas de histórias sempre repetidas, da mesma forma que os baluartes de algumas cidades são feitos de pedra, os aglaurianos "vivem numa Aglaura que cresce apenas com o nome Aglaura, sem notarem a Aglaura que cresce sobre o solo". Como poderiam, na verdade, comportar-se de outro modo? Afinal, "a cidade de que falam tem a maior parte daquilo de que se necessita para existir, enquanto a cidade que existe em seu lugar existe menos".[1]

Se lhes perguntassem, os habitantes de Leônia – outra das cidades invisíveis de Ítalo Calvino – diriam que sua paixão é "desfrutar coisas novas e diferentes". De fato. A cada manhã eles "vestem roupas novas em folha, tiram latas fechadas do mais recente modelo de geladeira, ouvindo *jingles* recém-lançados na estação de rádio mais quente do momento". Mas a cada manhã "as sobras da Leônia de ontem aguardam pelo caminhão de lixo", e um estranho como Marco Polo olhando, por assim dizer, pelas frestas das paredes da história de Leônia, ficaria imaginando se a verdadeira paixão dos leonianos na verdade não seria "o prazer de expelir, descartar, limpar-se de uma impureza recorrente". Caso contrário, por que os varredores de rua seriam "recebidos como anjos", mesmo que sua missão fosse "cercada de um silêncio respeitoso" (o que é compreensível – "ninguém quer voltar a pensar em coisas que já foram rejeitadas")? Como os leonianos se superam na sua busca por novidades, "uma fortaleza de dejetos indestrutíveis cerca a cidade", "dominando-a de todos os lados, como uma cadeia de montanhas".

Poderíamos perguntar: será que os leonianos enxergam essas montanhas? Às vezes sim, em particular quando uma rara golfada de vento leva a seus lares novos em folha um odor que lembra um monte de lixo, e não os produtos plenamente frescos, reluzentes e perfumados expostos nas lojas de novidades. Quando isso acontece, é difícil para eles desviar os olhos – teriam de olhar, cheios de preocupação, medo e tremor, para as montanhas, e se horrorizar com essa visão. Eles abominariam a feiura delas e as detestariam por macularem a paisagem – por serem fétidas, insossas, ofensivas e revoltantes, por abrigarem perigos conhecidos e outros, diferentes de tudo que conheceram antes, por serem depósitos de obstáculos visíveis e de outros nem mesmo imagináveis. Não gostariam dessa visão e prefeririam não continuar olhando por muito tempo. Odiariam os dejetos de seus devaneios de ontem tão apaixonadamente quanto amaram as roupas da moda e os brinquedos de último tipo. Gostariam que as montanhas se desvanecessem, sumissem – dinamitadas, esmagadas, pulverizadas ou dissolvidas. Iriam queixar-se da preguiça dos varredores de rua, da doçura dos capatazes e da complacência dos chefes.

Mais ainda que os próprios dejetos, os leonianos odiariam a ideia de sua indestrutibilidade. Ficariam horrorizados com a notícia de que as montanhas de que desejam tão avidamente se desvencilhar mostram-se relutantes em se degradar, deteriorar e decompor por si mesmas, assim como resistem e são também imunes aos solventes. Desesperados, não aceitariam a simples verdade de que os odiosos montes de lixo só poderiam *não existir* se, antes de mais nada, não tivessem *sido feitos* (por eles mesmos, os leonianos!). Eles se recusariam a aceitar que (como diz a mensagem de Marco Polo, que os leonianos não ouviriam), "à medida que a cidade se renova a cada dia, ela preserva totalmente a si mesma na sua única forma definitiva: o lixo de ontem empilhado sobre o lixo de anteontem e de todos os dias e anos e décadas". Os leonianos não ouviriam a mensagem de Marco Polo porque o que ela lhes diria (quer dizer, se quisessem ouvir) é que, em vez de preservarem o que afirmam amar e desejar, só conseguem tornar permanente o lixo. Só o inútil, o desorientador, repelente, venenoso e temível é resistente o bastante para permanecer ali enquanto o tempo passa.

Seguindo o exemplo dos aglaurianos, os leonianos vivem seu dia a dia, podemos dizer, numa Leônia que "cresce apenas com o nome Leônia", alegremente inconscientes daquela outra Leônia que cresce sobre o solo. Pelo menos desviam ou fecham os olhos, fazendo o possível para não ver. Assim como no caso dos aglaurianos, a cidade de que falam "tem a maior parte daquilo de que se necessita para viver". O que é mais importante, ela contém a história da paixão pela novidade que eles repetem a cada dia, de modo que essa paixão possa renascer e se reabastecer eternamente, e sua história possa continuar sendo contada, escutada, ouvida com avidez e aceita com fidelidade.

Só um estranho como Marco Polo poderia perguntar: qual é, afinal, a fonte de subsistência dos leonianos? As coisas modernas e encantadoras, sedutoramente novas e misteriosas, desde que virgens e não experimentadas – ou, em vez disso, os montes de lixo sempre maiores? Como se poderia explicar, por exemplo, sua paixão pela moda? Na verdade, o que é a moda – substituir coisas menos adoráveis por outras mais bonitas, ou a alegria que se sente quando as coisas são jogadas num monte de lixo depois de serem despidas do glamour e do fascínio? As coisas são descartadas por sua feiura, ou são feias por terem sido destinadas ao lixo?

Questões complicadas, afinal. Respondê-las também é. As respostas dependeriam de histórias que ecoam entre as muralhas erguidas a partir das memórias das histórias contadas, repetidas, ouvidas, ingeridas e absorvidas.

Se essas perguntas fossem feitas a um leoniano, a resposta seria que cada vez mais coisas novas devem ser produzidas para substituir outras, menos atraentes, ou que perderam a utilidade. Mas se você perguntasse a Marco Polo, viajante estrangeiro, cético, forasteiro não envolvido, recém-chegado, perplexo, ele responderia que em Leônia as coisas são declaradas inúteis e prontamente descartadas porque outros objetos de desejo, novos e aperfeiçoados, acenam, e que elas estão fadadas a serem jogadas fora a fim de que se abra espaço para as coisas mais novas. Ele responderia que, em Leônia, é a novidade de hoje que torna a de ontem obsoleta, destinada ao monte de lixo. As duas respostas soam verdadeiras, ambas parecem transmitir a história da vida dos leonianos. De modo que, no final, a escolha depende de se a história é repetida com monotonia ou, ao contrário, se os pensamentos vagam soltos no espaço livre de histórias...

Ivan Klima se recorda do jantar que teve com o presidente da Ford na residência deste, em Detroit. O convidado perguntou ao anfitrião, que se gabava do número crescente de carros modernos e velozes que saíam da linha de montagem da Ford, "como ele dava fim a todos aqueles carros quando eles deixavam de ter utilidade". "Respondeu que isso não era problema. Qualquer coisa que fosse fabricada poderia desaparecer sem deixar vestígio, era apenas um problema técnico. E a imagem de um mundo totalmente limpo e vazio o fez sorrir."

Depois do jantar, Klima foi ver como o "problema técnico" era enfrentado. Os carros usados, assim como os declarados gastos e não mais desejados, eram comprimidos por prensas gigantescas até se transformarem em elegantes caixas metálicas. "Mas essas caixas metálicas não se desvaneciam... Eles provavelmente derretiam o metal esmagado para produzir ferro e aço novo para novos carros, e assim o lixo se transforma em lixo novo, apenas em quantidade ligeiramente maior."

Tendo ouvido essa história e visto o que ela supostamente contava, Klima reflete: "Não, não se trata apenas de um problema técnico. Pois o espírito das coisas mortas se ergue sobre a terra e sobre as águas, e seu hálito é o presságio do mal."[2]

Este livro é dedicado a esse "problema não apenas técnico". Tenta explicar o que mais ele é, além de técnico, e por que, antes de mais nada, é um problema.

Nosso planeta está cheio.

Essa afirmação, permitam-me esclarecer, não vem da geografia física ou mesmo humana. Em termos de espaço físico e da amplitude da coabitação humana, o planeta está longe de estar cheio. Pelo contrário, o tamanho total das terras desabitadas ou esparsamente habitadas, consideradas inabitáveis ou incapazes de sustentar a vida humana parece estar se expandindo, e não se encolhendo. À medida que o progresso *tecnológico* oferece (a um custo crescente, sem dúvida) novos meios de sobrevivência em hábitats antes considerados inadequados para o povoamento, ele também corrói a capacidade de muitos hábitats de sustentar as populações que antes acomodavam e alimentavam. Enquanto isso, o progresso *econômico* faz com que modos de existência efetivos se tornem inviáveis e impraticáveis, aumentando desse modo o tamanho das terras desertas que jazem ociosas e abandonadas.

"O planeta está cheio" é uma afirmação *da sociologia e da ciência política*. Não se refere à situação da Terra, mas às formas e meios de subsistência de seus habitantes. Sinaliza o desaparecimento das "terras de ninguém", territórios adequados a serem definidos e/ou tratados como desprovidos de habitações humanas tanto quanto de uma administração soberana – e assim abertos a (e clamando por) colonização e povoamento. Tais territórios, agora amplamente inexistentes, desempenharam durante a maior parte da história moderna o papel crucial de depósitos de lixo para os dejetos humanos produzidos em volumes cada vez maiores nas partes do globo afetadas pelos processos da "modernização".

A produção de "refugo humano", ou, mais propriamente, de seres humanos refugados (os "excessivos" e "redundantes", ou seja, os que não puderam ou não quiseram ser reconhecidos ou obter permissão para ficar), é um produto inevitável da modernização, e um acompanhante inseparável da modernidade. É um inescapável efeito colateral da *construção da ordem* (cada ordem define algumas parcelas da população como "deslocadas", "inaptas" ou "indesejáveis") e do *progresso econômico* (que não pode ocorrer sem degradar e desvalorizar os modos anteriormente efetivos de "ganhar a vida" e que, portanto, não consegue senão privar seus praticantes dos meios de subsistência).

Durante a maior parte da história moderna, contudo, partes imensas do planeta ("atrasadas", "subdesenvolvidas", quando avaliadas segundo as ambições do setor do planeta já moderno, quer dizer, obsessivamente modernizante) permaneceram total ou parcialmente inatingidas pelas pressões modernizadoras, escapando dessa forma de seu efeito "superpopulacional". Confrontadas com os nichos modernizantes do globo, essas partes ("pré-modernas", "subdesenvolvidas") tendiam a ser vistas e tratadas como terras capazes de absorver os excessos populacionais dos "países desenvolvidos" – destinos naturais para a exportação de "pessoas redundantes" e aterros sanitários óbvios e prontos a serem utilizados para o despejo do refugo humano da modernização. A remoção desse refugo produzido nas partes "modernizadas" e em "modernização" do globo foi o mais profundo significado da colonização e das conquistas imperialistas – ambas tornadas possíveis, e de fato inevitáveis, pelo poder diferencial continuamente reproduzido pela completa desigualdade de "desenvolvimento" (de maneira eufemística, chamada de "atraso cultural"), resultante, por sua vez, do confinamento do modo de vida moderno a uma parte "privilegiada" do planeta. Essa desigualdade permitiu à parte moderna do globo buscar – e encontrar – soluções *globais* para problemas de superpopulação produzidos *localmente*.

A situação pôde durar enquanto a modernidade (ou seja, a *modernização* perpétua, compulsiva, obsessiva e viciosa) permanecia um privilégio. Quando ela se tornou – tal como estava projetada e destinada a fazer – a condição universal da humanidade, chegaram os efeitos de seu domínio planetário. A modernização progrediu de modo triunfante, alcançando as partes mais remotas do planeta; a quase totalidade da produção e do consumo humanos se tornou mediada pelo dinheiro e pelo mercado; a mercantilização, a comercialização e a monetarização dos modos de subsistência dos seres humanos penetraram os recantos mais longínquos do planeta; por isso, não se dispõe mais de soluções globais para problemas produzidos localmente, tampouco de escoadouros globais para excessos locais. Na verdade, é o contrário: todas as localidades (incluindo, de modo mais notável, aquelas com elevado grau de modernização) têm de suportar as consequências do triunfo global da modernidade. Agora se veem em face da necessidade de procurar (em vão, ao que parece) soluções *locais* para problemas produzidos *globalmente*.

Para resumir uma longa história: a nova plenitude do planeta significa, essencialmente, *uma crise aguda da indústria de remoção do refugo humano*. Enquanto a produção de refugo humano prossegue inquebrantável e atinge novos ápices, o planeta passa rapidamente a precisar de locais de despejo e de ferramentas para a reciclagem do lixo.

Como que para tornar ainda mais complexa e ameaçadora uma situação que já é preocupante, uma nova e poderosa fonte de "pessoas refugadas" veio se acrescentar às duas primeiras. A globalização se tornou a terceira – e atualmente a mais prolífica e menos controlada – "linha de produção" de refugo humano ou de pessoas refugadas. Também deu nova roupagem ao velho problema e encheu-o de um novo significado e de uma urgência sem precedentes.

A expansão global da forma de vida moderna liberou e pôs em movimento quantidades enormes e crescentes de seres humanos destituídos de formas e meios de sobrevivência – até então adequados, no sentido tanto biológico quanto social/cultural dessa noção. Para as pressões populacionais daí resultantes – as antigas e familiares pressões colonialistas, só que na direção inversa –, não há escoadouros prontamente disponíveis, seja para a "reciclagem" ou para a "remoção" segura. Daí os alarmes sobre a superpopulação do globo; daí também a nova centralidade dos problemas dos "imigrantes" e das "pessoas em busca de asilo" para a agenda política moderna, e o papel crescente que os vagos e difusos "temores relacionados à segurança" desempenham nas estratégias globais emergentes e na lógica das lutas pelo poder.

A natureza em essência elementar, desregulada e politicamente incontrolada dos processos de globalização resultou na fundação de novas condições do tipo "terra de fronteira" no "espaço de fluxos" planetário, para a qual se tem transferido grande parte da capacidade de poder que se alojava nos Estados soberanos modernos. O equilíbrio frágil, inapelavelmente precário, dos ambientes das terras de fronteiras baseia-se, como é sabido, na "vulnerabilidade mutuamente assegurada". Daí os alarmes sobre a deterioração da segurança que amplificam os já amplos suprimentos de "temores relacionados à segurança", ao mesmo tempo que conduzem as preocupações do público e os escoadouros da ansiedade individual para longe das raízes econômicas e sociais do problema, na direção de preocupações com a segurança pessoal (corporal). Por seu turno, a florescente "indústria da segurança" se torna rapidamente um dos principais ramos da produção de refugo e fator fundamental no problema de sua remoção.

Esse é, em linhas bem gerais, o ambiente da vida contemporânea. Os "problemas do refugo (humano) e da remoção do lixo (humano)" pesam ainda mais fortemente sobre a moderna e consumista cultura da individualização. Eles saturam todos os setores mais importantes da vida social, tendem a dominar estratégias de vida e a revestir as atividades mais importantes da existência, estimulando-as a gerar seu próprio refugo *sui generis*: relacionamentos humanos natimortos, inadequados, inválidos ou inviáveis, nascidos com a marca do descarte iminente.

Esses temas, e alguns de seus derivados, são os principais focos deste livro. A análise que se faz aqui é preliminar. Minha principal e talvez única preocupação é oferecer um ponto de vista alternativo a partir do qual se possam avaliar os aspectos da vida moderna que alguns acontecimentos recentes fizeram sair do esconderijo onde se ocultavam. Com eles expostos às luzes da ribalta, certas facetas do mundo contemporâneo podem ser mais bem apreciadas, e sua lógica, mais bem compreendida. Este livro deve ser lido como um convite a um outro olhar, um pouco diferente, sobre o mundo moderno, supostamente tão familiar, que todos compartilhamos e habitamos.

· 1 ·

No começo era o projeto
Ou o refugo da construção da ordem

> Houve uma época, é claro, em que nós cinco não conhecíamos um ao outro... Ainda não conhecemos um ao outro, mas aquilo que é possível e tolerável para nós cinco possivelmente não será tolerado por um sexto. Em todo caso, somos cinco e não queremos ser seis...
> Longas explicações poderiam resultar que o aceitássemos em nosso círculo, de modo que preferimos não explicar e não aceitá-lo...
>
> Franz Kafka, *Amizade*

Segundo um recente relatório da Fundação Joseph Rowntree,

> O número de jovens que sofrem de depressão dobrou em 12 anos, e centenas de milhares se veem excluídos da possibilidade de elevar seus níveis de educação e prosperidade. ... Quando, em 1981, pessoas nascidas em 1958 preencheram um questionário sobre sua saúde mental, 7% apresentaram tendência a depressão não clínica. O número equivalente para o grupo de 1970, entrevistado em 1996, foi de 14%. A análise indicou que o aumento ligava-se ao fato de o grupo mais jovem ter crescido com maior experiência de desemprego. A probabilidade de que portadores de diplomas tenham depressão era um terço menor.[1]

A depressão é uma condição mental desagradável, aflitiva e incapacitante, mas, como indicam este e outros relatórios, não é o único sintoma do mal-estar que assalta a nova geração nascida no admirável e líquido mundo moderno – embora não pareça ter afetado, ao menos no mesmo grau, seus predecessores imediatos. A "maior experiência de desemprego", embora seja indubitavelmente dramática e dolorosa, não parece constituir a única causa desse mal-estar.

A chamada "Geração X", constituída de rapazes e moças nascidos na década de 1970, na Grã-Bretanha e outros países "desenvolvidos", experimenta sofrimentos que eram desconhecidos das gerações anteriores. Não necessariamente mais sofrimentos, nem sofrimentos mais agudos, dolorosos e mortificantes, mas sofrimentos bem diferentes, de um novo tipo – mal-estares e aflições, poderíamos dizer, "especificamente líquido-modernos". E há novas razões (algumas substitutas, outras acrescentadas às tradicionais) para que alguém se sinta irritado, perturbado, aflito. Até os analistas e curandeiros registrados, seguindo as inclinações naturais que todos compartilhamos, recorrem pragmaticamente aos diagnósticos de que se lembram melhor e às curas mais amplamente aplicadas na época em que foram treinados a pesquisá-las e recomendá-las.

Um dos diagnósticos mais comuns é o desemprego, e em particular as baixas expectativas de trabalho para os recém-saídos da escola que ingressam sem experiência num mercado preocupado em aumentar os lucros cortando os custos com mão de obra e se desfazendo dos ativos, em vez de criar novos empregos e construir novos ativos. Um dos remédios mais considerados são os subsídios estatais que tornariam a contratação de jovens um bom negócio (pelo tempo que durassem os subsídios). Enquanto isso, uma das recomendações oferecidas com mais frequência aos jovens é serem flexíveis e não muito seletivos, não esperarem demais de seus empregos, aceitá-los como são, sem fazer muitas perguntas, e tratá-los como uma oportunidade a ser usufruída de imediato, enquanto dure, e não como o capítulo introdutório de um "projeto de vida", uma questão de autoestima e autodefinição, ou uma garantia de segurança a longo prazo.

De modo reconfortante, portanto, a ideia-pacote de "desemprego" contém o diagnóstico do problema, juntamente com a melhor cura disponível e uma lista de procedimentos de fácil compreensão e de uma obviedade tranquilizadora, a ser cumprida no caminho da convalescença. O prefixo "des" indica anomalia. "*Des*emprego" é o nome de uma condição claramente temporária e *anormal*, e, assim, a natureza transitória e curável da doença é patente. A noção de "desemprego" herdou sua carga semântica da autoconsciência de uma sociedade que costumava classificar seus integrantes, antes de tudo, como produtores, e que também acreditava no pleno emprego não apenas como condição desejável e atingível, mas também como seu derradeiro destino. Uma sociedade que, portanto, classificava o emprego como uma chave – *a* chave – para a solução dos problemas ao mesmo tempo da identidade pessoal socialmente aceitável, da posição social segura, da sobrevivência individual e coletiva, da ordem social e da reprodução sistêmica.

O mundo humano, como Siegfried Kracauer expressou com propriedade, está saturado de *Sollen* ("deves") – os tipos de ideia que "desejam se tornar realidades": elas "têm um impulso inato a se realizar". Tais ideias "assumem uma significação sociológica" quando "começam a ter um efeito sobre o mundo social"[2] – ao lutarem para isso com avidez, embora com êxito duvidoso. A história moderna se destacou dos períodos anteriores da história humana por deixar seus "deves" em aberto, tornando-os explícitos e resolvendo "viver segundo eles". A modernidade, para tomar mais um empréstimo de Kracauer, levou uma "vida dupla", orientando-se "para o Além, no qual tudo no Aqui encontraria seu significado e conclusão".[3]

Desses "deves" nunca houve escassez – a história moderna foi uma prolífica fábrica de modelos de "boa sociedade". As batalhas mais ideologicamente inspiradas pelas quais a história moderna se disseminou foram travadas nas linhas de frente dos

Sollen, entre "deves" furiosamente competitivos. E, no entanto, todas as variedades de "deve" concordavam em que o teste do papel de tornassol de uma "boa sociedade" era a existência de postos de trabalho para todos, e de uma função produtiva para cada um. A história moderna, endemicamente crítica de cada presente, por ter parado perto demais do que "devia" ter sido, avançou enfrentando muitos males e vilões, mas a batalha decisiva deveria ser contra a carência de postos de trabalho e o suprimento insuficiente de papéis produtivos, ou de vontade para assumi-los.

Como é diferente a ideia de "redundância" que ganhou proeminência durante a existência da Geração X! Enquanto o prefixo "des" em "desemprego" costumava indicar um afastamento da norma – tal como em "desigualdade" ou "despropósito" –, não havia essa indicação na noção de "redundância". Nenhuma insinuação de anormalidade ou anomalia, nenhum indício de doença ou lapso momentâneo. "Redundância" sugere permanência e aponta para a regularidade da condição. Nomeia uma condição sem oferecer um antônimo prontamente disponível. Sugere uma nova forma de normalidade geral, e o formato das coisas que são imanentes e que tendem a permanecer como são.

Ser "redundante" significa ser extranumerário, desnecessário, sem uso – quaisquer que sejam os usos e necessidades responsáveis pelo estabelecimento dos padrões de utilidade e de indispensabilidade. Os outros não necessitam de você. Podem passar muito bem, e até melhor, sem você. Não há uma razão autoevidente para você existir nem qualquer justificativa óbvia para que você reivindique o direito à existência. Ser declarado redundante significa ter sido dispensado *pelo fato de ser dispensável* – tal como a garrafa de plástico vazia e não retornável, ou a seringa usada, uma mercadoria desprovida de atração e de compradores, ou um produto abaixo do padrão, ou manchado, sem utilidade, retirado da linha de montagem pelos inspetores de qualidade. "Redundância" compartilha o espaço semântico de "rejeitos", "dejetos", "restos", "lixo" – com *refugo*. O destino dos *des*empregados, do "exército de reserva da mão de obra", era serem chamados de volta ao serviço ativo. O destino do refugo é o depósito de dejetos, o monte de lixo.

Com muita frequência, na verdade, rotineiramente, as pessoas declaradas "redundantes" são consideradas sobretudo um problema financeiro. Precisam ser "providas" – ou seja, alimentadas, calçadas e abrigadas. Não sobreviveriam por si mesmas – faltam-lhes os "meios de sobrevivência" (quer dizer, sobretudo a sobrevivência biológica, o oposto da morte por inanição ou abandono). A resposta à redundância é tão financeira quanto a definição do problema: esmolas fornecidas pelo Estado, reguladas pelo Estado ou por ele promovidas e testadas em relação aos meios (chamadas, de modo variado, mas sempre eufemístico, de benefícios da previdência, incentivos fiscais, isenções, concessões, pensões). Os que não simpatizam com essa resposta tendem a contestá-la em termos igualmente financeiros (sob a rubrica "podemos arcar com isso?") – dada a "carga financeira" que tais medidas impõem aos contribuintes.

A necessidade de ajudar pessoas declaradas redundantes a sobreviver, talvez de ajudá-las de modo permanente (ou seja, falando com clareza, a necessidade de aceitar o direito de uma parte permanente e incuravelmente redundante da população a um grau de bem-estar que seus membros não ajudam a produzir nem são necessários para isso), é, contudo, apenas um aspecto do problema que os desempregados representam para si mesmos e para os outros. Outro aspecto, muito mais seminal – embora esteja longe de ser reconhecido e abordado –, é que na área do planeta comumente compreendida pela ideia de "sociedade" não há um compartimento reservado ao "refugo humano" (mais exatamente, pessoas refugadas). Mesmo que a ameaça à sobrevivência *biológica* fosse identificada e enfrentada de modo efetivo, esse fato não chegaria nem perto de assegurar a sobrevivência *social*. Não será suficiente para a readmissão dos "redundantes" à sociedade de que foram excluídos – da mesma forma que armazenar o lixo industrial em contêineres refrigerados dificilmente seria suficiente para transformá-lo em mercadoria.

O sentimento de que a redundância pode indicar a condição de "sem-teto social", com a correspondente perda da autoestima e do propósito da vida, ou a suspeita de que ela possa a qualquer momento se tornar seu destino, se é que já não se tornou – esta é a parte da experiência existencial que a Geração X não compartilha com as gerações anteriores, não importa qual possa ter sido o grau de miséria e indignação dessas gerações. Com efeito, a Geração X tem amplas razões para sofrer de depressão. Mal-acolhida, na melhor das hipóteses tolerada, firmemente assentada do lado receptor da ação socialmente recomendada ou aceita, tratada nos casos mais positivos como objeto de benevolência, caridade e piedade (consideradas, para jogar sal na ferida, imerecidas), mas não de ajuda fraterna, acusada de indolência e suspeita de intenções iníquas e inclinações criminosas, essa geração tem poucos motivos para tratar a "sociedade" como um lar digno de lealdade e respeito. Como aponta Danièle Linhart, coautora de *Perte d'emploi, perte de soi*,[4] "esses homens e mulheres não apenas perdem seus empregos, seus projetos, seus pontos de orientação, a confiança de terem o controle de suas vidas; também se veem despidos da sua dignidade como trabalhadores, da autoestima, do sentimento de serem úteis e terem um lugar social próprio".[5] Assim, por que os empregados subitamente desqualificados deveriam respeitar as regras do jogo político-democrático, se as normas do mundo do trabalho são solenemente ignoradas?

Os desempregados da *sociedade de produtores* (incluindo aqueles temporariamente "afastados da linha de produção") podem ter sido desgraçados e miseráveis, mas seu lugar na sociedade era seguro e inquestionável. Na frente de batalha da produção, quem negaria a necessidade de fortes unidades de reserva prontas para a refrega quando surgisse a ocasião? Os consumidores falhos da *sociedade de consumidores* não podem ter essa certeza. Só podem estar certos de uma coisa: excluídos do único jogo disponível, não são mais jogadores – e portanto não são mais necessários. Antigamente, para ser um produtor potencial, bastava preencher as condições estabelecidas para admissão à companhia dos produtores. A promessa de ser um consumidor diligente e a reivindicação do status de consumidor não serão suficientes, contudo, para ser admitido na companhia dos consumidores. A sociedade de consumidores não tem lugar para os consumidores falhos, incompletos, imperfeitos. No *Erewhon* de Samuel Butler, "a má sorte de qualquer tipo ou mesmo os maus-tratos nas mãos de outros" eram "considerados uma ofensa à sociedade, já que ouvir falar disso [fazia] as pessoas se sentirem desconfortáveis". "Assim, a perda da fortuna" era "punida quase tão severamente quanto a delinquência física".[6] Os consumidores falhos não teriam como saber quando poderiam ser declarados criminosos.

A Geração X também está polarizada de modo mais agudo que a geração precedente, e a linha divisória foi colocada mais acima na hierarquia social. É verdade que a desconcertante volatilidade da posição social, a redução de perspectivas, o viver ao deus-dará, sem uma chance confiável de assentamento duradouro, ou pelo menos de longo prazo, a imprecisão das regras que se deve aprender e dominar para ir em frente – tudo isso assombra a todos eles, sem discriminação, gerando ansiedade, destituindo todos os membros dessa geração, ou quase todos, da autoconfiança e da autoestima. O limiar mais baixo da terapia efetiva contra todas essas aflições foi agora erguido, contudo, acima do alcance da grande maioria. A educação superior se tornou a condição mínima de esperança até mesmo de uma duvidosa chance de vida digna e segura (o que não significa que um diploma garanta uma viagem tranquila; apenas parece fazer isso porque continua sendo o privilégio de uma minoria). O mundo, ao que parece, deu outro giro, e um número ainda maior de seus habitantes, incapazes de aguentar a velocidade, caiu do veículo em aceleração – enquanto um contingente maior dos que ainda não embarcaram não conseguiu nem mesmo correr, segurar no veículo e pular para dentro.

As preocupações da Geração X – preocupações quanto à redundância – diferem dos problemas vivenciados e registrados pelas gerações anteriores, e são sofridas e enfrentadas à sua maneira própria e singular. No entanto, não lhes faltam precedentes.

Desde o início dos tempos modernos, cada geração sucessiva tem tido seus naufrágios no vácuo social: as "baixas colaterais" do progresso. Enquanto muitos conseguiram pular para dentro do veículo em alta velocidade e aproveitar profundamente a viagem, muitos outros – menos sagazes, hábeis, espertos, musculosos ou aventureiros – ficaram para trás ou tiveram negado o acesso ao veículo superlotado, se é que não foram esmagados sob suas rodas. No carro do progresso, o número de assentos e de lugares em pé não é, em regra, suficiente para acomodar todos os passageiros potenciais, e a admissão sempre foi seletiva. Talvez por isso o sonho de se juntar a essa viagem fosse tão doce para tantos. O progresso era apregoado sob o slogan de mais felicidade para um número *maior* de pessoas. Mas talvez o progresso, marca registrada da era moderna, tivesse a ver, em última instância, com a necessidade de *menos* (e cada vez menos) pessoas para manter o movimento, acelerar e atingir o topo, o que antes exigiria uma massa bem maior para negociar, invadir e conquistar.

A esse respeito, a Geração X não é a primeira a ter boas razões para sofrer de depressão. Mas o que torna sua condição peculiar é, para início de conversa, o fato de que uma parcela de amplitude pouco comum dessa coorte caiu do veículo e foi deixada para trás – ou pelo menos é assim que se sente. Peculiar também é o difundido sentimento de confusão, desorientação e perplexidade. Não obstante todas as similaridades, nossos contemporâneos sentem intuitivamente que o problema atual é diferente daqueles que afligiram as gerações anteriores, embora elas também tenham tido sua dose completa de miséria. Talvez, e mais importante, hoje em dia tenhamos a tendência a sentir que o remédio patenteado e herdado do passado não funciona mais. Não importa a habilidade que possamos ter na arte de gerenciar crises, na verdade não sabemos como enfrentar esse problema. Talvez nos faltem até mesmo as ferramentas para imaginar formas razoáveis de enfrentá-lo.

As sociedades de nossos pais e avós também estabeleceram suas condições para a admissão, assim como para a emissão de permissões de residência. Essas condições, porém, eram especificadas com clareza, sem erros quanto aos termos, e vinham com instruções igualmente claras sobre como proceder para preenchê-las. As sociedades determinavam que seus trajetos de carreira começassem no lado oposto de cada ponto de entrada. As trajetórias eram, na maior parte das vezes, estreitas. Deixavam pouco espaço e continham ainda menos promessas de aventura, e portanto deviam parecer intimidantes e constrangedoras àqueles para os quais a segurança e a certeza não constituíam problemas. (Sigmund Freud processou admiravelmente essas torturas numa teoria geral das desordens e descontentamentos psicológicos que a civilização estava inclinada a gerar.) Mas, para aqueles ainda necessitados de um barco confiável, que prometesse uma travessia segura, o destino não era mistério nem uma questão de escolha dolorosa. As tarefas de navegação não eram cercadas de riscos inúmeros e inexplicáveis. O que restava para os que manejavam os remos era remar com diligência e aplicação, seguindo ao pé da letra as normas do navio.

Os problemas de hoje mudaram: são *relacionados aos objetivos*, e não *limitados pelos meios*. As rotinas de outrora, alvos dos vitupérios e da indignação de tantos, enquanto elas estavam em pleno vigor, foram agora abandonadas – levando consigo para o túmulo aquele crédito que inspirava segurança. Agora não se trata mais de encontrar meios para atingir fins definidos de modo claro e então segurá-los com firmeza e usá-los com o máximo de habilidade para obter o maior efeito possível. A questão agora é a indefinição (e com muita frequência o irrealismo) dos fins – que se desvanecem e dissolvem mais depressa que o tempo necessário para atingi-los, são indeterminados, não confiáveis e comumente vistos como indignos de compromisso e dedicação eternos. As regras de admissão aos trajetos estabelecidos e as permissões de embarque também não merecem mais confiança. Se não desapareceram de todo, tendem a ser eliminadas e substituídas sem aviso. O mais importante é que, para qualquer um que tenha sido excluído e marcado como refugo, não existem trilhas óbvias para retornar ao quadro dos integrantes. Tampouco quaisquer caminhos opcionais, oficialmente endossados e mapeados, que se possam seguir (ou ser forçado a seguir) em direção a um título de sócio alternativo.

O aspecto crucial é que, enquanto tudo isso acontece à nossa porta, não podemos honestamente dizer o que nós, usando nossas ferramentas e recursos domésticos, podemos fazer para evitar a ruína. Não se trata mais de um soluço temporário, de uma desaceleração subsequente a um superaquecimento da economia que precede um outro *boom*, de uma irritação momentânea que irá embora e "se tornará parte da história", quando lidarmos com impostos, subsídios, pensões e incentivos, estimulando outra "recuperação conduzida pelo consumo". As raízes do problema, ao que parece, se afastaram para além do nosso alcance. E seus aglomerados mais densos e espessos não podem ser encontrados em nenhum mapa de levantamento topográfico.

Digressão: *Sobre contar histórias* Histórias são como holofotes e refletores – iluminam partes do palco enquanto deixam o resto na escuridão. Se iluminassem igualmente o palco todo, de fato não teriam utilidade. Sua tarefa, afinal, é "limpar" o palco, preparando-o para o consumo visual e intelectual dos espectadores; criar um quadro que se possa absorver, compreender e reter, destacando-o da anarquia de borrões e manchas que não se podem assimilar e que não fazem sentido.

As histórias ajudam as pessoas em busca do entendimento, separando o relevante do irrelevante, as ações de seus ambientes, a trama de seus antecedentes e os heróis ou vilões que se encontram no centro do roteiro das hostes de excedentes e simulacros. É missão das histórias selecionar, e é de sua natureza incluir excluindo e iluminar lançando sombras. É um grave equívoco, além de uma injustiça, culpar as histórias por favorecerem uma parte do palco e negligenciarem outra. Sem seleção não haveria história. Dizer que "esta seria uma ótima história se não omitisse isto ou aquilo" é o mesmo que afirmar que "estas janelas seriam ótimas para podermos ver através das paredes se não fossem emolduradas e separadas pelas próprias paredes que estão entre elas".

Como que antecipando o iminente repúdio das esperanças enganosas da modernidade, Jorge Luis Borges escreveu a história de Ireneo Funes, que quando menino caiu do cavalo e ficou aleijado, "virtualmente incapaz de ideias gerais, platônicas" (ou seja, de abstração: de colocar em foco alguns aspectos do que via, deixando o resto de fora). Em vez disso, ele era capaz de (forçado a!) perceber "cada uva que foi esmagada para produzir o vinho e todas as gavinhas e caules do vinhedo" onde você e eu, "com uma rápida olhada", "percebemos três taças de vinho sobre a mesa".[7] Duas ou três vezes, Funes "reconstruiu um dia inteiro" sem errar ou se equivocar uma vez sequer, "mas cada reconstrução levou, por sua vez, um dia inteiro". Tendo descoberto não apenas que a tarefa que se impusera era interminável, mas que a própria ideia dessa tarefa não fazia sentido, Funes se queixou: "Minha memória, senhor, é como um monte de lixo." Tendo explorado o curso e as bênçãos da ignorância, Milan Kundera concorda: "Se alguém pudesse reter na memória tudo aquilo que vivenciou, se pudesse num dado momento recuperar qualquer fragmento do seu passado, esse alguém não seria absolutamente humano; seus amores, amizades, raivas, sua capacidade de esquecer ou de vingar-se – nenhum deles se pareceria com os nossos."[8]

E Kundera nos adverte que não entenderemos coisa alguma sobre a vida humana se negarmos que em algum momento dessa vida "uma realidade não é mais o que era quando era – não pode ser reconstruída".

Escondendo-se por trás de um misterioso escritor medieval de nome Suárez Miranda, Borges escreveu sobre um império onde "a Arte da Cartografia atingiu tal Perfeição que o mapa de uma única Província ocupava toda uma Cidade, e o mapa do Império, toda uma Província. Com o tempo, esses Mapas Irracionais deixaram de ser satisfatórios, e a Associação dos Cartógrafos desenhou um mapa do Império cujo tamanho era o Império, e que coincidia ponto a ponto com ele".[9] Pena que o último mapa tenha sido considerado inútil por seus usuários, e assim "deixado à inclemência do Sol e dos Invernos", de modo que apenas "Frangalhos Esfarrapados desse Mapa, habitado por Animais e Mendigos", permaneceram...

Saber é escolher. Na fábrica do conhecimento, o *produto* é separado do *refugo*, e é a visão dos potenciais clientes, de suas necessidades e desejos, que decide o que é o quê. Sem lugares para depositar o lixo, a fábrica do conhecimento está incompleta. É por cortesia da escuridão circundante que a luz do conhecimento ilumina. Ele é inconcebível sem a ignorância, tal como a memória sem o esquecimento. O conhecimento pode ser obtido porque expõe os espaços em branco da falta de interesse. A precisão, a exatidão e a utilidade pragmática do conhecimento crescem na proporção desses espaços. Para todos os fins e propósitos práticos, as coisas excluídas – tiradas de foco, jogadas às sombras, empurradas para panorama de fundo vago ou invisível – não mais pertencem "ao que é". A existência lhes foi negada, da mesma forma que um espaço próprio no *Lebenswelt* (mundo da vida). Foram desse modo destruídas – porém com uma *destruição criativa.* "Eliminar", afirmou admiravelmente Mary Douglas, "não é um movimento negativo, mas um esforço positivo para organizar o ambiente".[10]

Primeiro vem uma visão: a imagem da atordoante complexidade e da incapacitante infinitude do mundo reduzida a proporções permanentes, absorvíveis, administráveis e suportáveis. "Como observadores", diz Mary Douglas, "selecionamos entre todos os estímulos que caem sobre nossos sentidos... Num caos de impressões cambiantes, cada um de nós constrói um mundo estável em que os objetos têm formas reconhecíveis".[11]

Vem então o esforço para conduzir o mundo "realmente existente" (aquele que é atual de modo tão tangível, tão obstinado, tão denso e doloroso, à nossa volta e dentro de nós, precisamente por ser confuso e estar longe da perfeição) até o nível dessa visão – torná-lo tão direto, puro e legível quanto ela. É a visão que apresenta o mundo como passível de ser moldado, amassado, apertado e esticado – o perfeito objeto da ação. Como aponta Siegfried Kracauer, "a imponderabilidade, a falta de jeito e a impossibilidade de penetrar a realidade são reveladas de modo mais claro e distinto para aqueles que as abordam do ponto de vista da ideia".[12] É graças à visão que o mundo "emerge com horrível clareza", e ouve-se o chamado à ação.

"Ao perseguir a sujeira, ao embrulhar, decorar, ordenar, não somos governados pela ansiedade de escapar à doença", diz Mary Douglas, "mas estamos reordenando positivamente o nosso ambiente, conformando-o a uma ideia... Em suma, nosso comportamento quanto à poluição é a reação que condena qualquer objeto ou ideia capaz de confundir ou contradizer classificações acalentadas"[13] (ou, como diria o Marco Polo de Calvino, qualquer objeto ou ideia que confunda a reconfortante clareza da "cidade de que falamos", da cidade que "tem a maior parte daquilo que é necessário para existir", daquilo de que *nós* necessitamos para existir – e do modo como *nós* falamos dessa cidade).

Deixado por sua própria conta, fora do alcance dos holofotes da história e antes da primeira sessão de ajuste com os planejadores, o mundo não é ordenado nem caótico, nem limpo nem sujo. É o projeto humano que evoca a desordem *juntamente com* a visão da ordem, a sujeira juntamente com o plano da pureza. O pensamento ajusta primeiro a imagem do mundo, de modo a que o próprio mundo possa ser ajustado logo em seguida. Uma vez ajustada a imagem, o ajustamento do mundo (o desejo de ajustá-lo, o esforço para isso – embora não necessariamente o ato concreto do ajuste) é uma conclusão previamente obtida. O mundo é administrável e exige ser administrado, já que tem sido refeito na medida da compreensão humana. A observação de Francis Bacon de que "a natureza, para ser comandada, deve ser obedecida" não foi uma intimação à humildade, muito menos um apelo à docilidade. Foi um ato de desafio.

A natureza tem sido obedecida – a contragosto, conscientemente ou não – desde o princípio dos tempos. Não ser feita pelo homem – e assim se estendendo para além do alcance e escapando ao poder humano –, este era, afinal, o próprio significado da noção de "natureza". A heresia de Bacon estava na ideia de que a natureza assim compreendida não precisa e não deve ser abandonada a si própria, o que, graças a uma lastimável negligência e a uma indesculpável falta de decisão, ela até então tinha sido, mas pode ser *comandada* – desde que aprendamos suas leis, que precisam ser obedecidas. Três séculos depois, Karl Marx repreenderia os filósofos por não terem levado às últimas consequências o preceito de Bacon: viajando ao longo da trilha que leva da obediência ao comando, os filósofos ficaram a meio caminho e saltaram do trem na estação Explicação. Mas, diria Marx, apesar de toda a perfeição da colmeia, até o mais humilde e miserável arquiteto é superior a uma abelha, e isso graças à imagem do produto acabado que este traz em sua mente antes de a construção começar.

Projetos são necessários, é claro, porque algo *novo* está para ser criado; algo que existe, que já se faz presente lá fora, no mundo tal como ele é, está para ser alterado. E assim como pudim se prova comendo-o, o conhecimento se prova alterando o mundo.

Há, porém, duas formas radicalmente diferentes de criar o novo. Lewis Mumford usou a alegoria da agricultura *versus* mineração para captar a diferença entre elas. A agricultura, diz ele, "devolve deliberadamente o que o homem extrai da terra". O processo da mineração, pelo contrário, "é destrutivo, ... e o que se tirou da pedreira ou do poço de mina não pode ser substituído". A mineração, portanto, "apresenta a própria imagem da descontinuidade humana, presente hoje e desaparecida amanhã, ora fervilhante de ganhos, ora exaurida e vazia".[14] Podemos dizer que a tendência mais comumente apresentada entre as modernas formas de criar (ou deveríamos dizer destruir criativamente?) foi moldada segundo o padrão e à semelhança da mineração.

A agricultura representa a continuidade: um grão é substituído por outros grãos, uma ovelha dá à luz mais ovelhas. *Plus ça change – plus c'est la même chose*. O crescimento como ratificação e reafirmação do ser... Um crescimento sem perdas... Nada se perde no caminho. À morte segue-se o renascimento. Não admira que as sociedades de agricultores tivessem como certa a eterna continuidade dos seres. O que testemunhavam e o que praticavam era uma cadeia ininterrupta de fins, indistinguível da incessante repetição do começo – e não uma perpétua ressurreição. Elas não viviam para a morte – como Martin Heidegger, ponderando sobre os meios da *techné* ao tempo de seu derradeiro triunfo, sugeriu –, mas para o renascimento perpétuo, fosse na forma da reencarnação infinita, ou de corpos carnais mortais renascidos como espíritos, como almas imateriais porém imortais.

A mineração, por outro lado, é o epítome da ruptura e da descontinuidade. O novo não pode nascer a menos que algo seja descartado, jogado fora ou destruído. O novo é criado no curso de uma meticulosa e impiedosa dissociação entre o produto-alvo e tudo mais que se coloque no caminho de sua chegada. Preciosos ou de pouco valor, metais puros podem ser obtidos apenas removendo-se a escória e o borralho do minério. E só se pode chegar ao minério removendo-se e depositando-se camada após camada do solo que impede o acesso ao veio – tendo-se primeiro cortado ou queimado a floresta que impedia o acesso ao solo. A mineração nega que a morte traga no ventre o renascimento. Em vez disso, parte do pressuposto de que o nascimento do novo exige a morte do velho. E se assim for, então cada nova geração está destinada a, cedo ou tarde, compartilhar a sorte daquela que ficou para trás, apodrecendo e decompondo-se a fim de abrir caminho para uma criação ainda mais nova. Cada ponto que a mineração atravessa é um ponto sem retorno. A mineração é um movimento de mão única, irreversível e irrevogável. A crônica da mineração é um túmulo de veios e poços repudiados e abandonados. A mineração é inconcebível sem o *refugo*.

Indagado sobre como obtinha a bela harmonia de suas esculturas, Michelangelo teria respondido: "É simples. É só você pegar um bloco de mármore e cortar todos os pedaços supérfluos." No auge do Renascimento, Michelangelo proclamou o preceito que foi o guia da criação moderna. *A separação e a destruição do refugo seriam o segredo comercial da criação moderna*: cortando e jogando fora o supérfluo, o desnecessário e o inútil, seriam descobertos o belo, o harmonioso, o agradável e o gratificante.

A visão de uma forma perfeita oculta num bloco informe de pedra bruta precede seu ato de nascença. O refugo é o envoltório que esconde essa forma. Para desnudá-la, fazê-la emergir e ser, admirar sua harmonia e sua beleza sem mácula, deve-se primeiro desembrulhá-la. Para que algo seja criado, deve-se destinar alguma coisa ao lixo. O envoltório – o refugo do ato criativo – deve ser posto de lado, retalhado e removido para não atulhar o chão e restringir os movimentos do escultor. Não pode haver oficina artística sem uma pilha de lixo.

Isso, porém, torna o lixo um ingrediente indispensável do processo criativo. Mais ainda: confere ao lixo um poder aterrorizante, verdadeiramente mágico, equivalente ao da "pedra filosofal" do alquimista – o poder de realizar a maravilhosa transmutação da matéria inferior, sem significação e desprezível num objeto nobre, belo e precioso. Também faz do lixo a encarnação da ambivalência. O lixo é ao mesmo tempo divino e satânico. É a parteira de toda criação – e seu mais formidável obstáculo. O lixo é sublime: uma mistura singular de atração e repulsa que produz um composto, também singular, de terror e medo.

Mas lembremo-nos de Mary Douglas: nenhum objeto *é* "refugo" por suas qualidades intrínsecas, e nenhum pode *tornar-se* refugo mediante sua lógica interna. É recebendo o papel de refugo nos projetos humanos que os objetos materiais, sejam eles humanos ou inumanos, adquirem todas as qualidades misteriosas, aterrorizantes, assustadoras e repulsivas relacionadas anteriormente. Em seu notável estudo do significado ritual e das propriedades mágicas comumente atribuídas aos pelos humanos, Edmund Leach observa que em muitas culturas

> ... o pelo da cabeça, embora seja parte do corpo, é tratado com carinho, untado, penteado e ornamentado da maneira mais elaborada, mas logo que o cortam se torna "sujo", sendo explícita e conscientemente associado com ... substâncias poluentes, fezes, urina, sêmen e suor ... A matéria "suja" é claramente mágica. Ela investe o barbeiro e o lavador de um perigoso poder agressivo, mas não é o poder de um indivíduo em particular ...,

e sim o poder do próprio "pelo mágico", ou, mais corretamente, do notável ato de transmutação realizado por meio de seu desprendimento do corpo humano. Todas as operações realizadas no cabelo – cortar, raspar ou pentear – significam invocar outra pessoa a partir da antiga, já que em muitas culturas os pelos da cabeça são remodelados como partes integrantes do rito de passagem de uma identidade socialmente situada para outra. E, assim, o ato de separação "não apenas cria duas categorias de pessoas; também cria uma terceira entidade, uma coisa que é ritualmente distinta...". Em outras palavras, "é a situação ritual que torna 'mágico' o cabelo, e não o cabelo que torna poderoso o ritual".[15]

O cabelo cortado partilha alguns de seus pretensos atributos mágicos (de magia negra, para ser preciso) com a urina, o suor e outras substâncias similarmente "poluentes" que são evitadas e detestadas em virtude de seu status ambíguo – ultrapassando a barricada que não deve ser transposta, a menos que o mundo perca a transparência, e as ações, sua clareza –, graças ao questionamento e ao descrédito comprometedor da sacrossanta fronteira entre o eu incorporado e o resto do mundo. Mas o cabelo cortado também compartilha os atributos potentes e sinistros de todo refugo. Como todo refugo, ele é útil no ato miraculoso de extrair o novo do velho, o melhor do pior, o superior do inferior. Essa transmutação ansiada e bem-vinda não estará completa, e certamente não estará segura, enquanto o "refugo" ainda estiver por perto, em vez de ter sido varrido para longe e depositado num local distante e à prova de vazamento. O ato de criação atinge a sua culminância, conclusão e verdadeira concretização no ato da separação e remoção do lixo.

A mente moderna nasceu juntamente com a ideia de que *o mundo pode ser transformado*. A modernidade refere-se à rejeição do mundo tal como ele tem sido até agora e à decisão de transformá-lo. A moderna forma de ser consiste na mudança compulsiva, obsessiva: na refutação do que "meramente é" em nome do que poderia – e no mesmo sentido deveria – ser posto em seu lugar. O mundo moderno é um mundo que contém um desejo e uma determinação: desafiar sua *mêmeté* (como diria Paul Ricoeur) – sua mesmidade. O desejo de *se* fazer diferente do que se é, de se refazer, e de continuar se refazendo. A condição moderna é estar em movimento. A opção é modernizar-se ou perecer. A história moderna tem sido, portanto, a história da produção de projetos e um museu/túmulo de projetos tentados, usados, rejeitados e abandonados na guerra contínua de conquista e/ou desgaste que se trava contra a natureza.

Quando chegou à produção de projetos, a mente moderna não tinha equivalentes. Os projetos eram um produto do qual as sociedades modernas, assim como seus membros, nunca conheceram a falta. A história da era moderna tem sido uma longa cadeia de projetos considerados, tentados, perseguidos, compreendidos, fracassados ou abandonados. Os projetos foram muitos e diversos, mas cada um deles pintou uma realidade futura diferente daquela que os projetistas conheciam. E uma vez que "o futuro" não existe enquanto permanece "no futuro", e que ao lidar com o não existente não se pode "obter a certeza de um fato", não havia como prever, muito menos com precisão, como seria o mundo a emergir na outra ponta dos esforços de construção. Será afinal, como previsto, um mundo benigno, amigável e agradável, e será que os ativos estimados no orçamento e reservados para esse propósito, assim como os cronogramas de trabalho, se mostraram adequados para transferir esse mundo da prancheta de desenho para o futuro presente?

Uma alta probabilidade de respostas negativas às duas perguntas sempre foi e sempre será um atributo indissociável da produção de projetos. "A ideia de um bem genuíno parece ter sido extraída de uma ilusão", adverte Tzvetan Todorov.[16] O bem maior só pode ser obtido por um preço: juntamente com seus benefícios, ele tende a acarretar consequências tão indesejáveis quanto imprevisíveis, embora estas últimas sejam normalmente minimizadas ou ignoradas no estágio de produção do projeto sob o pretexto da nobreza das intenções gerais. Os projetos estão repletos de riscos. À medida que se desenrolava a Idade Moderna, uma parte ainda maior do entusiasmo pela produção de projetos e dos esforços para formulá-los foi estimulada pelo impulso para desintoxicar, neutralizar ou afastar da vista os "danos colaterais" produzidos por esse processo no passado. A produção de projetos se torna sua própria causa suprema; ela é, em última análise, um processo que se autoperpetua. É também, intrinsecamente, uma empreitada perdulária. Se nenhum projeto pode acertar total e verdadeiramente "no alvo", nem pode deixar de afetar, de maneira imprevisível e muitas vezes pouco atraente, aspectos da realidade desprezados ou deliberadamente deixados de lado, então apenas o excesso na produção de projetos, um *excedente de projetos*, pode salvar o processo como um todo, compensando a inevitável falibilidade de cada uma de suas partes e estágios.

Um projeto à prova de equívocos, à prova de riscos, é algo muito próximo de uma contradição.

Para ser visto como "realista", passível de implementação, o projeto precisa simplificar a complexidade do mundo. Deve separar o "relevante" do "irrelevante"; retirar pela força os fragmentos manejáveis da realidade das partes que são resistentes à manipulação; e concentrar-se em objetivos considerados "razoáveis" e "ao nosso alcance" por meios e habilidades atualmente disponíveis, complementados por meios e habilidades que se espera em breve adquirir.

Entre eles, todas as condições relacionadas para serem atingidas exigem que muitas coisas sejam postas de lado – fora da vista, fora do pensamento e da ação. Também exigem que aquilo que foi posto de lado, não importa o quê, se transforme imediatamente no refugo do processo de produção de projetos. A estratégia subjacente e o efeito inevitável desse processo são a divisão dos resultados materiais da ação em "aquilo que importa" e "aquilo que não importa", no "produto útil" e no "refugo". Como a formulação dos projetos tende (pelas razões anteriormente explicadas) não apenas a ser contínua, mas também a se expandir permanentemente em termos de volume, sua produção não pode deixar de prognosticar uma perpétua acumulação de refugo e um interminável crescimento de problemas relacionados à remoção do lixo, problemas estes não resolvidos ou talvez insolúveis.

Em 29 de novembro de 2002, instalei quatro "dispositivos de busca" para encontrar sites referentes à noção de "refugo". No Altavista obtive 6.353.800 endereços. No Google, 11.500.000 (com uma advertência: "cerca de"; o Google se orgulha da velocidade de suas buscas, e esta levou somente 0,07 segundo). O Lycos encontrou 17.457.433 sites. O Alltheweb, 17.478.410.

Permitam-me observar, neste momento, que um efeito não solicitado de minha busca de informações sobre "refugo" foi, como se pode ver pelos números, a informação oblíqua sobre seu *excesso*: esse aliado e cúmplice do lixo, leal e inseparável, principal responsável por sua obesidade colossal e exponencialmente crescente. Nenhum voo da imaginação poderia fazer com que o volume de informação "disponível" e "em oferta" pudesse ser examinado, ainda que superficialmente, muito menos absorvido, digerido e retido. Em nossa atual estratégia de enfrentar os riscos com as armas do excesso, o refugo é pré-programado, e a ascensão irresistível da informação constitui excelente exemplo dessa tendência universal. O excesso de informação é grande demais para ser descarregado nos cérebros humanos – ou mesmo nos seus repositórios convencionais, as prateleiras das bibliotecas. A invenção da memória eletrônica veio a calhar: a rede mundial faz o papel de depósito de refugo da informação, de capacidade infinita e em crescimento exponencial. O esbanjamento universal característico de toda produção moderna encontrou sua manifestação possivelmente mais espetacular na sede insaciável de informação, desnuda graças à tecnologia computacional. No ciberespaço, o principal atributo da informação é ser interminável, e isso cria uma necessidade abstrata de controle da informação que na verdade jamais poderá ser satisfeita... O que podemos chamar de tecnopoder espiral, segundo Tim Jordan, constitui-se de três elementos: a sobrecarga de informação, o domínio dessa sobrecarga com um instrumento e a ocorrência da sobrecarga de informação. Podemos dizer que a produção de lixo informacional, tal como toda atividade produtora de rebotalho, tem o poder da autopropulsão: os esforços para remover o lixo produzem mais lixo. "Os problemas relacionados à sobrecarga de informação tendem a emergir de novo com os instrumentos que se tornam essenciais à administração da informação, produzindo, eles próprios, informação demais."[17]

Mas voltemos aos resultados de minha busca.

Mesmo para os padrões do nosso mundo, lançado repetidas vezes à desordem pelo excesso de informação "objetivamente disponível", que não pode mais ser absorvido e que portanto não é passível de administração, e não por sua falta, o número de sites que tratam do tema do lixo é enorme. Seu gigantismo pode ser aferido da comparação com outros temas ainda mais salientes e visíveis na agenda pública, além de debatidos de modo mais explícito, temas hoje na boca de todos e ostensivamente na cabeça de cada um. O mecanismo de busca do Alltheweb registrou no mesmo dia 7.304.625 sites para terrorismo, atualmente o papo mais quente da telecidade global, 6.547.193 sites para pobreza, 3.727.070 para desemprego, 3.017.330 para racismo e 1.508.426 para fome. Poderíamos imaginar que o tema do lixo, embora apareça nas manchetes com relativa frequência, ganhou lugar estável e permanente entre as preocupações contemporâneas num plano global. Dado que a comparativa raridade de suas aparições nos discursos das figuras públicas e nos manifestos e plataformas dos partidos dificilmente equivale à extensão das preocupações subterrâneas, como se evidencia pelo número recorde de sites sobre o assunto, o refugo pode ser descrito como *simultaneamente o problema mais angustiante e o segredo mais guardado* de nossos dias. "O refugo", podemos dizer, seguindo a deixa de Ítalo Calvino, pertence àquela Aglaura que "cresce sobre o solo", mas não à Aglaura "com que" crescem os aglaurianos...

A história em que e com que crescemos não tem interesse no lixo. Segundo essa história, o que interessa é o produto, não o refugo. Dois tipos de caminhões deixam todo dia o pátio da fábrica – um deles vai para os depósitos de mercadorias e para as lojas de departamentos, o outro, para os depósitos de lixo. A história com que crescemos nos treinou para observarmos (contarmos, valorizarmos, cuidarmos) tão somente o primeiro tipo de caminhão. No segundo só pensamos nas ocasiões (felizmente ainda não cotidianas) em que uma avalanche de dejetos desce pela montanha de refugos e quebra as cercas destinadas a proteger nossos quintais. Não visitamos essas montanhas, seja fisicamente ou em pensamento, da mesma forma como não nos aventuramos em bairros problemáticos, ruas perigosas, guetos urbanos, campos de refugiados em busca de asilo e outras áreas interditadas. Nós as evitamos com cuidado (ou somos afastados delas) em nossas escapadas turísticas compulsivas. Removemos os dejetos da maneira mais radical e efetiva: tornando-os invisíveis, por não olhá-los, e inimagináveis, por não pensarmos neles. Eles só nos preocupam quando as defesas elementares da rotina se rompem, e as precauções falham – quando o isolamento confortável e soporífero de nosso *Lebenswelt*, que elas deveriam proteger, está em perigo.

Mas se você pedisse ao Lycos ou ao Alltheweb, cada um poderia oferecer mais de 17 milhões de testemunhos de que tal momento de preocupação está bem ali na esquina. Ele pode chegar a qualquer instante. Talvez já tenha chegado.

O refugo é o segredo sombrio e vergonhoso de toda produção. De preferência permaneceria como segredo. Os capitães da indústria prefeririam não mencioná-lo – precisam ser muito pressionados para admitir isso. E, no entanto, a estratégia do excesso, inevitável numa vida orientada para o projeto, a estratégia que estimula, fortalece e instiga o esforço produtivo, e também o refugo dele resultante, faz do disfarce um método inútil. O próprio volume do lixo não permitiria que ele fosse encoberto e tivesse sua existência negada. Daí a indústria de remoção do lixo ser um ramo da produção moderna (junto com os serviços de segurança, esta continuidade da política do disfarce por outros meios, destinada a protelar o retorno dos reprimidos – voltaremos a falar disso adiante) que nunca ficará sem emprego. A sobrevivência moderna – a sobrevivência da forma de vida moderna – depende da destreza e da proficiência na remoção do lixo.

Os coletores de lixo são os heróis não decantados da modernidade. Dia após dia, eles reavivam a linha de fronteira entre normalidade e patologia, saúde e doença, desejável e repulsivo, aceito e rejeitado, o *comme il faut* e o *comme il ne faut pas*, o dentro e o fora do universo humano. Essa fronteira precisa da constante diligência e vigilância porque não é absolutamente uma "fronteira natural": não há montanhas altíssimas, oceanos sem fundo ou gargantas intransponíveis separando o dentro do fora.

E não é a diferença entre produtos úteis e refugo que demarca a divisa. Muito pelo contrário, é a divisa que prediz – literalmente, invoca – a diferença entre eles: a diferença entre o admitido e o rejeitado, o incluído e o excluído.

A divisa é traçada de novo a cada ronda de coleta e remoção do lixo. Seu único modo de vida é a incessante *atividade* de separar. Não admira que não possa ser deixada de lado. Ela exige ser constantemente submetida à manutenção, pois do contrário os postos de fronteira e as cabines de controle se desintegrariam, seguindo-se a isso uma turbulência indescritível. Não admira que a divisa inspire ansiedade e nervosismo. Todas as divisas provocam ambivalência, mas esta é excepcionalmente fértil. Não importa o quanto se tente, a fronteira que separa o "produto útil" do "refugo" é uma zona cinzenta: um reino da indefinição, da incerteza – e do perigo.

A tarefa de manutenção da divisa é importante demais para ser deixada unicamente ao arbítrio dos lixeiros. Os coletores de lixo podem equivocar-se, ser distraídos, preguiçosos ou descuidados. Suas opiniões excêntricas podem trazer de volta a mesma ambivalência que uma fronteira estrita e visível deveria eliminar. Como a divisa precede a divisão entre os produtos pretendidos e todos os resíduos destinados à categoria de refugos, traçá-la de forma que não dê margem a erro e mantê-la estrita e impermeável são tarefas que exigem boa dose de conhecimento e habilidade – mas que exigem ainda mais uma autoridade que possa, segundo se espera, compensar a falta de ambos. Agentes de imigração e controladores de qualidade se fazem necessários. Eles devem ficar em guarda na linha que separa a ordem do caos (uma linha de batalha ou de armistício, mas sempre suspeita de estimular invasores e de estar pronta para a conflagração). Eles são as unidades de elite das tropas de frente na moderna guerra contra a ambivalência.

A produção de projetos faz sentido na medida em que nada no mundo existente é como *deveria* ser. Ainda mais importante, ela ganha uma fama merecida se esse mundo não é o que *poderia* ser, considerando-se os meios disponíveis ou esperados de tornar as coisas diferentes. O objetivo da produção de projetos é abrir mais espaço para "o bem", e menos ou nenhum para "o mal". É o bem que faz do mal aquilo que ele é: mal. "O mal" é o refugo do progresso.

A natureza, admite-se, é governada por suas leis. Estas não foram feitas pelos seres humanos, que assim também não podem desfazê-las. Seguindo o conselho de Bacon, só restaria aos seres humanos aprender essas leis de modo a poder utilizá-las em seu proveito. Um aspecto do mundo que a mente moderna considerou particularmente repugnante, inaceitável e insustentável era, contudo, a condição da humanidade. E a humanidade era uma parte do mundo que conseguia ignorar, para seu próprio risco, as leis da natureza e colocar em seu lugar as leis do homem.

Guiada pelas leis humanas, a humanidade seguiu em frente se arrastando, enquanto era fustigada, pressionada e atormentada pelas forças da irracionalidade, do preconceito e da superstição. Comparado com a parte inumana do universo que não conhece o "erro", o passado humano só podia aparecer como uma estufa da estupidez e da malevolência, e como uma longa sequência de crimes e erros crassos. A única "lei da história humana" que se podia imaginar era a necessidade de a razão assumir onde a espontaneidade humana havia falhado de maneira espetacular. Essa conquista era tão inevitável quanto urgente. Foi uma inevitabilidade histórica. Estava fadada a acontecer, graças à absoluta falta de opção, à indispensabilidade da descoberta de que em algum ponto a razão humana deve conquistar o controle da história, reprimir, domesticar ou amordaçar suas inclinações naturais e suas tendências básicas, e assumir a responsabilidade pela configuração da necessidade histórica.

Esse ponto parece ter sido atingido no limiar da era moderna, quando o antigo padrão de convívio humano não mais se sustentava, e a sociedade parecia estar se desintegrando. O prosseguimento do status quo, apelidado de Antigo Regime, seria uma abominação: uma violação da lei da história e um crime contra a razão humana. Não era mais possível retardar a substituição do legado inválido da história licenciosa, irresponsável e ingovernável por novos padrões de convívio humano, projetados a partir do zero, ditados pela razão, feitos sob medida e monitorados (refinados, civilizados, policiados). Esse imperativo deveria tornar-se o principal motor do zelo modernizante.

A modernidade é, pode-se dizer, um estado de perpétua emergência – inspirado e alimentado, para citar um texto de Geoffrey Bennington referente a outro contexto, por "um senso de que alguém tem de dar ordens para que o todo não se perca".[18] Sem nós, o dilúvio. Sem ações preventivas ou investidas antecipadas, a catástrofe. A alternativa a um futuro pré-planejado é o domínio do caos. Não se pode deixar que as coisas humanas sigam o seu próprio curso.

A modernidade é uma condição da produção compulsiva e viciosa de projetos.

Onde há projeto há refugo. Nenhuma casa está realmente concluída antes que os dejetos indesejados tenham sido varridos do local da construção.

Quando se trata de projetar as formas do convívio humano, o refugo são seres humanos. Alguns não se ajustam à forma projetada nem podem ser ajustados a ela, ou sua pureza é adulterada, e sua transparência, turva: os monstros e mutantes de Kafka, como o indefinível Odradek ou o cruzamento de gato com ovelha – singularidades, vilões, híbridos que desmascaram categorias supostamente inclusivas/exclusivas. Nódoas numa paisagem sob outros aspectos elegante e serena. Seres inválidos, cuja ausência ou obliteração só poderia beneficiar a forma projetada, tornando-a mais uniforme, mais harmoniosa, mais segura e ao mesmo tempo mais em paz consigo mesma.

Outro nome para designar as novas e aperfeiçoadas formas de convívio humano é construção da ordem. Ordem: segundo o *Oxford English Dictionary*, "a condição em que tudo se encontra em seu espaço adequado e executa suas funções apropriadas". Ordenar (criar a ordem onde predominava o caos): "colocar ou manter em ordem ou condição adequada; dispor segundo a norma; regular, governar, administrar".

A expectativa da ordem (qualquer expectativa de qualquer ordem nova) retira de sua toca o ogro do caos. O caos é o alter ego da ordem, uma ordem com sinal negativo: condição em que alguma coisa *não está* no lugar adequado e *não* executa a função apropriada (se é que é possível conceber um lugar e uma função adequados para essa coisa). Essa "coisa" sem domicílio e sem função transpõe a barricada que separa a ordem do caos. Sua extirpação é o último ato de criação antes que se concluam os trabalhos de construção da ordem.

Não poderia haver ordem sem caos, da mesma forma que não existiriam cabeças sem rabos nem luz sem escuridão. O caos se revela como um estado caótico que permite eventos que a ordem já deve ter proibido; mas, no momento em que a proibição foi anunciada, o caos deve ter desnudado sua face sem demora. Caos, desordem e anarquia anunciam a infinidade de possibilidades e o caráter ilimitado da inclusão. A ordem representa os limites e a finitude. Num espaço ordenado (ordeiro), nem *tudo* pode acontecer.

O espaço ordenado é governado pela norma, que é uma norma exatamente à medida que proíbe e exclui. A lei se torna lei quando exclui do domínio do permitido os atos que seriam autorizados se não fosse a presença da lei – e de atores que teriam autorização de viver no estado de anarquia. A lei, como afirma Giorgio Agamben,

> é feita somente daquilo que ela consegue capturar dentro de si por meio da exclusão inclusiva do *exceptio*: ela se nutre dessa exceção e sem ela é letra morta... A exceção não se subtrai à norma; em vez disso, a norma, suspendendo-se, dá lugar à exceção e, mantendo-se em relação a esta, se constitui em primeiro lugar como norma.[19]

Toda iniciativa permanece inabalavelmente do lado da norma. *A norma precede a realidade*. A legislação precede a ontologia do mundo humano. A lei é um projeto, a planta de um hábitat claramente circunscrito, compreensivelmente marcado, mapeado e sinalizado. É a lei que dá existência à anarquia, ao traçar a linha que divide o dentro do fora. A anarquia não é meramente a ausência da lei; ela nasce da retirada, da suspensão, da recusa da lei. O convite da lei à universalidade soaria cínico não fosse a inclusão que ela faz do excluído por meio de sua própria retirada. A lei jamais alcançaria a universalidade sem o direito de traçar o limite de sua aplicação, criando, como prova disso, uma categoria universal de marginalizados/excluídos, e o direito de estabelecer um "fora dos limites", fornecendo assim o lugar de despejo dos que foram excluídos, reciclados em refugo humano.

Do ponto de vista da lei, a exclusão é um ato de autossuspensão. Isso significa que a lei limita sua preocupação com o marginalizado/excluído para mantê-los fora do domínio governado pela norma que ela mesma circunscreveu. A lei atua sobre essa preocupação proclamando que o excluído não é assunto seu. Não há lei para ele. A condição de excluído consiste na ausência de uma lei que se aplique a ela.

Na caracterização de Agamben, o modelo ideal-típico de pessoa excluída é oferecido pelo *homo saucer*, categoria do antigo direito romano "estabelecida fora da jurisdição humana sem ser trazida para o domínio da lei divina".[20] A vida de um *homo saucer* é desprovida de valor, seja na perspectiva humana ou na divina. Matar um *homo saucer* não é um delito passível de punição, mas sua vida não pode ser tirada num sacrifício religioso. Privada da significação humana e divina que só a lei pode conferir, a vida do *homo saucer* é inútil. Matar um *homo saucer* não é crime nem sacrilégio, mas, pela mesma razão, não pode ser uma oferenda.

Traduzindo tudo isso em termos seculares contemporâneos, diríamos que, na versão atual, o *homo saucer* não é nem definido por um conjunto de leis positivas nem portador dos direitos humanos que precedem as normas jurídicas. Pela capacidade que o soberano tem de se recusar a outorga de leis positivas e de negar a posse de quaisquer direitos de origem alternativa (incluindo os "direitos humanos") – e, portanto, por sua capacidade de colocar de lado os *homini sacri* definidos pela retirada das definições legais –, a "esfera soberana" é proclamada, conquistada, circunscrita e protegida. "A esfera política da soberania era ... constituída por meio de uma dupla exclusão".[21]

O *homo saucer* é a principal categoria de refugo humano estabelecida no curso da moderna produção de domínios soberanos ordeiros (obedientes à lei e por ela governados). Mais uma vez, citando Agamben,

> Apesar do palavrório bem-intencionado, a ideia de povo nada mais é hoje que o esteio vazio de uma identidade de Estado, e como tal é reconhecida. Para os que talvez ainda possam nutrir alguma dúvida sobre o assunto, seria instrutivo dar uma olhada no que está acontecendo à nossa volta sob esse ponto de vista: por um lado, as potências mundiais pegam em armas para defender um *Estado sem povo* (Kuwait); e, por outro, um *povo sem Estado* (curdos, armênios, palestinos, bascos, judeus da diáspora) pode ser oprimido e exterminado com impunidade, de modo a deixar claro que o destino de um povo só pode ser uma identidade de Estado, e que o conceito de *povo* só faz sentido se recodificado dentro do conceito de cidadania.[22]

Por toda a era da modernidade, o Estado-nação tem proclamado o direito de presidir à distinção entre ordem e caos, lei e anarquia, cidadão *e homo saucer*, pertencimento e exclusão, produto útil (= legítimo) e refugo. "Apesar de todo o palavrório bem-intencionado", peneirando, segregando e removendo o refugo da construção da ordem combinada com a preocupação principal e a metafunção do Estado, assim como fornecendo as bases para a sua afirmação de autoridade.

O monopólio exclusivo e indiviso do Estado sobre o desempenho dessa função permaneceu incontestado – não era contestado de forma alguma pelos outros Estados, ávidos como devem ter sido por sustentar uma aura de naturalidade e não excepcionalidade em torno de um arranjo específico à era da remoldagem das realidades humanas de acordo com os projetos. Para a maioria dos fins práticos, esse monopólio permanece incontestado ainda hoje, a despeito do acúmulo de evidências sobre o status ficcional das afirmações de soberania do Estado. Para resguardar o que ficou dessa soberania em sua fantasmática encarnação atual, recorre-se rotineiramente aos meios ortodoxos, acompanhados de suas legitimações costumeiras.

Os Estados-nações atuais podem não mais governar o esboço do plano, nem exercer o direito de propriedade de *utere et abutere* (usar e abusar) dos sítios de construção da ordem, mas ainda afirmam sua prerrogativa essencial de soberania básica: o direito de excluir.

· 2 ·

Serão eles demasiados?

Ou o refugo do progresso econômico

Sempre há um número demasiado *deles*. "Eles" são os sujeitos dos quais devia haver menos – ou, melhor ainda, nenhum. E nunca há um número suficiente de nós. "Nós" são as pessoas das quais devia haver mais.

Com a autoridade do *Oxford English Dictionary*, não se registra o uso da palavra "superpopulação" antes do final do século XIX – 1871, para ser exato. E isso embora, pouco antes do início daquele século (precisamente em 1798), Thomas Robert Malthus tenha publicado seu *Ensaio sobre o princípio da população tal como esta afeta o futuro progresso da sociedade* – o livro que declarava abertamente que o crescimento populacional sempre superaria o da produção de alimentos e que, a menos que a fecundidade humana fosse limitada, não haveria comida para todos.

Refutar a proposição de Malthus e destruir seu argumento foi um dos passatempos favoritos dos mais eminentes porta-vozes do promissor, impetuoso e autoconfiante espírito moderno. Com efeito, o "princípio da população" malthusiano ia contra a essência de tudo aquilo que a promessa moderna representava – sua certeza de que toda miséria humana tem cura; de que, no curso do tempo, as soluções serão encontradas e aplicadas, e todas as necessidades humanas até agora não satisfeitas serão saciadas; de que a ciência e seu braço tecnológico prático estão destinados a, mais cedo ou mais tarde, elevar as realidades humanas ao nível do potencial do homem e, assim, preencher de uma vez por todas a irritante lacuna entre o "é" e o "deve ser". Aquele século acreditava (e tinha suas crenças cotidianamente reforçadas pelo afinado coro dos filósofos e estadistas) que mais felicidade humana poderia e seria alcançada por meio de mais poder humano (basicamente industrial e militar), e que o poderio e a riqueza das nações eram avaliados pelo número de seus trabalhadores e soldados. Com efeito, na parte do mundo em que a profecia de Malthus foi concebida e contestada, nada indicava que o aumento do número de pessoas levaria à redução dos bens necessários à sobrevivência humana. Pelo contrário, o poder do trabalho e de combate – quanto mais melhor – parecia constituir a principal e mais afetiva cura para a maldição da escassez. Havia terras vastíssimas e fabulosamente ricas em torno do globo, salpicadas de espaços em branco e pouco povoadas, territórios quase vazios esperando pela conquista e pela colonização. Mas plantas industriais enormes, operadas pela mão humana, e exércitos formidáveis eram necessários para invadi-las e mantê-las. Ser grande era bonito – e lucrativo. Grandes populações significavam grande poder. Grande poder significava grandes aquisições de terras. Grandes aquisições de terras significavam grande riqueza. Grandes extensões de terras e grande riqueza significavam espaço para um número maior de pessoas.

E, assim, se a ideia de que havia gente demais para ser alimentada chegava a ocorrer às pessoas preocupadas com a situação interna de seus países, a resposta lhes parecia óbvia, convincente e fidedigna, ainda que paradoxal: a terapia para o excesso de população era mais população. Só as nações mais vigorosas, e também mais populosas, desenvolveriam os músculos necessários para sobrepujar, submeter ou colocar de lado os ocupantes doentios, atrasados e irresolutos, ou decadentes e degenerados, do planeta. E só essas nações seriam capazes de flexionar esses músculos de modo efetivo. Se a "superpopulação" era na época uma oferta, ela seria tratada como um paradoxo. Não pode haver "um número demasiado de nós" – o oposto, sermos muito poucos, é que deve ser motivo de preocupação. O congestionamento local pode ser descarregado globalmente. Problemas locais podem ser resolvidos globalmente.

Expressando o que então se tornara o ponto de vista quase comum sobre seu país, um dos expositores no Congresso Sindical reunido em 1883 (um certo sr. Toyne de Saltburn) observou com grande preocupação

> ... uma tendência nos distritos rurais a monopolizar a terra, a converter pequenas fazendas em grandes. As pequenas granjas estavam sendo arrasadas, e a terra, absorvida em grandes propriedades. O atual sistema fundiário tirava os homens da terra para as minas e as fábricas a fim de competir com os artesãos no mercado de trabalho. Os trabalhadores do país desejavam um alívio imediato em relação a isso.[1]

A reclamação não era absolutamente nova – só eram diferentes os supostos criminosos e as prováveis vítimas, num diagnóstico repetido à monotonia por toda a turbulenta história da destruição criativa que recebeu o nome de progresso econômico. Dessa vez, a superlotação do mercado de trabalho era culpabilizada pela derrocada dos pequenos proprietários que a nova tecnologia agrícola acarretava. Algumas décadas antes, a desintegração das guildas de artesãos desencadeada pela maquinaria industrial fora apontada como principal causa da miséria. Algumas décadas mais tarde, foi a vez das minas e das fábricas em que as vítimas do progresso agrícola haviam buscado a salvação. E, no entanto, em todos esses casos, buscou-se um modo de aliviar a pressão sobre as condições de existência dos trabalhadores e de melhorar seus padrões de vida, reduzindo-se as multidões que sitiavam as portas dos estabelecimentos com oferta de emprego.

A solução parecia óbvia e não causou controvérsia, já que não havia carência de lugares onde o excedente pudesse ser descarregado de pronto. Como Joseph Arch, o lendário líder do Sindicato de Trabalhadores Agrícolas, testemunhou em 1881, diante dos Comissários de Sua Majestade para a Agricultura:

> **P.** Como o senhor conseguiu garantir que os trabalhadores obtivessem melhores salários?
> **R.** Nós reduzimos de modo bastante considerável o número de trabalhadores no mercado.
> **P.** Como foi que o senhor reduziu o número de trabalhadores no mercado?
> **R.** Nós fizemos com que emigrassem cerca de 700 mil almas, homens, mulheres e crianças, nos últimos oito ou nove anos.
> **P.** Como foi que essas 700 mil almas emigraram, com que fundos?
> **R.** Eu fui para o Canadá e fiz arranjos com o governo canadense para enviar essa quantidade, e obtivemos a quantia com os fundos do comércio.[2]

Outro fator que estimulava a exportação de "problemas sociais" produzidos internamente por meio da deportação maciça da parte afetada da população era o medo de que a acumulação de "redundantes" dentro das cidades atingisse um ponto crítico de autocombustão. Esporádicas embora repetidas irrupções de inquietação urbana colocaram em ação os poderes constituídos. Em junho de 1848, os "distritos perigosos" de Paris sofreram uma limpeza em ampla escala que os livrou dos *misérables* rebeldes, enquanto os "grandes imundos" eram transportados em massa, pelo mar, para a Argélia. Esse exercício repetiu-se depois da Comuna de Paris, em 1871, embora dessa vez o destino escolhido fosse a Nova Caledônia.[3]

Desde o princípio, a era moderna foi uma época de grandes migrações. Massas populacionais até agora não calculadas, e talvez incalculáveis, moveram-se pelo planeta, deixando seus países nativos, que não ofereciam condições de sobrevivência, por terras estrangeiras que lhes prometiam melhor sorte. As trajetórias populares e prevalecentes mudaram com o tempo, dependendo das pressões dos "pontos quentes" da modernização, mas, no todo, os imigrantes vagaram das partes "mais desenvolvidas" (mais intensamente modernizantes) do planeta para as "subdesenvolvidas" (ainda não atiradas para fora da balança socioeconômica sob o impacto da modernização).

Os itinerários eram, por assim dizer, sobredeterminados. De um lado, a existência de uma população excedente incapaz de conseguir ou manter um emprego compensador ou de herdar o status social em seu país de origem era um fenômeno amplamente confinado aos domínios dos processos modernizantes avançados. Por outro lado, graças ao mesmo fator da rápida modernização, os países em que se produzia o excedente populacional gozavam (mesmo que por um tempo) de uma superioridade tecnológica e militar sobre os territórios ainda intocados pelos processos modernizantes. Isso lhes permitia ver e tratar essas áreas como "vazias" (e torná-las vazias caso os nativos resistissem a serem afastados, ou exercessem o poder de incomodar que os colonos considerassem desconfortável demais) e, assim, prontas para – e clamando por – uma colonização maciça. Segundo estimativas incompletas, cerca de 30 a 50 milhões de nativos de terras "pré-modernas", perto de 80% de sua população total, foram aniquilados entre a época da chegada e estabelecimento dos primeiros soldados e comerciantes europeus e o início do século XX, quando seus números atingiram o ponto mais baixo.[4] Muitos foram assassinados, outros pereceram de doenças importadas, e o restante morreu depois de perder os meios que durante séculos sustentaram as vidas de seus ancestrais. Charles Darwin assim resumiu a saga do processo de "civilizar os selvagens" conduzido pelos europeus: "Onde o europeu pisou, a morte parece perseguir o aborígine."[5]

Por ironia, o extermínio de aborígines com o fim de abrir novos espaços para os excedentes populacionais da Europa (ou seja, de preparar esses lugares para o papel de depósitos do refugo humano que o progresso econômico produzia em casa, em quantidades crescentes) foi realizado em nome do mesmíssimo progresso que reciclava os europeus excedentes como "migrantes econômicos". E assim, por exemplo, Theodore Roosevelt apresentou o extermínio dos índios norte-americanos como um serviço altruísta prestado à causa da civilização: "O colonizador e o pioneiro tiveram, no fundo, a justiça do seu lado: este grande continente só poderia ter sido mantido como uma reserva para a diversão de selvagens esquálidos."[6] E o general Roca, comandante do infame episódio da história argentina eufemisticamente apelidado de "Conquista do Deserto", mas que consistiu na "faxina étnica" de que foram objeto as populações indígenas dos pampas, explicou a seus compatriotas que seu autorrespeito os obrigava a "sufocar o mais cedo possível, pela razão ou pela força, esse punhado de selvagens que destroem nossa riqueza e nos impedem de ocupar de vez, em nome da lei, do progresso e de nossa própria segurança, as terras mais ricas e mais férteis da República".[7]

Muitos anos se passaram desde então, mas os pontos de vista, as opiniões que eles revelam e as palavras usadas para descrevê-las não mudaram. Há bem pouco tempo, o governo israelense decidiu limpar o deserto de Neguev de sua população beduína a fim de abrir caminho para que novos imigrantes judeus pudessem se estabelecer como colonos.[8] Já cinco anos antes, como que antecipando a futura necessidade de terras vazias para descarregar as congestionadas cidades do norte, Ariel Sharon (à época ministro do Interior) declarou que os beduínos tinham ido embora. O Neguev, disse ele, estava vazio, "a não ser por algumas cabras e ovelhas". A ação posterior aproximou a realidade do veredicto de Sharon: dos 140 mil beduínos do Neguev, cerca de metade foi assentada em "aldeias reconhecidas" ou "cidades desenvolvidas" "que são pouco melhores que amplos depósitos de lixo urbanos". Falando em nome da Agência Judaica, seu tesoureiro, Shai Hermesh, opinou que "o problema dos beduínos é que eles ainda estão no limite entre a tradição e a civilização. ...

Eles dizem que suas mães e avós desejam viver com as ovelhas em torno delas". Mas sua conclusão foi otimista em relação às perspectivas para a civilização: precisamos do Neguev, disse ele, para a próxima geração de imigrantes judeus. No Neguev "você paga centavos pela terra".

"Superpopulação" é uma ficção atuarial: um codinome para a aparição de um número de pessoas que, em vez de ajudarem a economia a funcionar com tranquilidade, tornam muito mais difícil a obtenção, para não falar na elevação, dos índices pelos quais se mede e avalia o funcionamento adequado. A quantidade desses indivíduos parece crescer de maneira incontrolável, aumentando continuamente as despesas, mas não os ganhos. Numa sociedade de produtores, essas são as pessoas cuja mão de obra não pode ser empregada com utilidade, já que todos os bens que a demanda atual e futura é capaz de absorver podem ser produzidos – e produzidos com maior rapidez, maior lucratividade e de modo mais "econômico" – sem que elas sejam mantidas em seus empregos. Numa sociedade de consumidores, elas são os "consumidores falhos" – pessoas carentes do dinheiro que lhes permitiria ampliar a capacidade do mercado consumidor, e que criam um novo tipo de demanda a que a indústria de consumo, orientada para o lucro, não pode responder nem "colonizar" de maneira lucrativa. Os consumidores são os principais ativos da sociedade de consumo, enquanto os consumidores falhos são os seus passivos mais irritantes e custosos.

A "população excedente" é mais uma variedade de refugo humano. Ao contrário dos *homini sacri*, das "vidas indignas de serem vividas", das vítimas dos projetos de construção da ordem, seus membros não são "alvos legítimos" excluídos da proteção da lei por ordem do soberano. São, em vez disso, "baixas colaterais", não intencionais e não planejadas, do progresso econômico. No curso do progresso econômico (a principal linha de montagem/desmontagem da modernização), as formas existentes de "ganhar a vida" são sucessivamente desmanteladas e partidas em componentes destinados a serem remontados ("reciclados") em novas formas. Nesse processo, alguns componentes são danificados a tal ponto que não podem ser consertados, enquanto, dos que sobrevivem à fase de desmonte, somente uma quantidade reduzida é necessária para compor os novos mecanismos de trabalho, em geral mais dinâmicos e menos robustos.

À diferença do caso dos alvos legítimos da construção da ordem, ninguém planeja as baixas colaterais do progresso econômico, e muito menos traça por antecipação a linha que divide o condenado do salvo. Ninguém dá as ordens, ninguém assume a responsabilidade, como aprendeu, para seu grande desalento, o frustrado e desesperado herói de *As vinhas da ira*, de John Steinbeck: desejando lutar, de arma na mão, em defesa de sua fazenda não mais "economicamente viável", não conseguiu encontrar um único perpetrador maléfico de seu tormento e angústia em quem pudesse atirar. Apenas uma linha colateral do progresso econômico, a produção de refugo humano tem todas as marcas de um tema impessoal, puramente técnico. Os principais atores desse drama são "termos de comércio", "demandas do mercado", "pressões competitivas", padrões de "produtividade" e "eficiência", todos encobrindo ou negando de modo explícito qualquer conexão com as intenções, a vontade, as decisões e as ações de pessoas reais, dotadas de nomes e endereços.

As causas da exclusão podem ser diferentes, mas, para aqueles situados na ponta receptora, os resultados parecem ser quase os mesmos. Confrontados pela intimidante tarefa de ganhar os meios para a sobrevivência biológica, enquanto se veem privados da autoconfiança e da autoestima necessárias para a sustentação da sobrevivência social, eles não têm motivo para contemplar e saborear as distinções sutis entre o sofrimento planejado e a miséria por descuido. Podem muito bem ser desculpados por se sentirem rejeitados, por serem irritáveis e raivosos, por respirarem a vingança e alimentarem a desforra – embora, tendo aprendido sobre a futilidade da resistência e aceitado o veredicto de sua própria inferioridade, seja difícil encontrarem um modo de transformar tais sentimentos numa ação efetiva. Seja por uma sentença explícita ou por um veredicto implícito, mas nunca oficialmente publicado, tornaram-se supérfluos, imprestáveis, desnecessários e indesejados, e suas reações, inadequadas ou ausentes, transmitem a censura de uma profecia autorrealizadora.

Num brilhante insight sobre a condição e a conduta das pessoas "supérfluas" ou "marginalizadas", o grande intelectual polonês Stefan Czarnowski as descreve como "indivíduos *déclassés*, de condição social indefinida, considerados redundantes do ponto de vista da produção material e intelectual, e encarando a si mesmos desse modo". A "sociedade organizada" trata-os como "parasitas e intrusos, acusa-os, na melhor das hipóteses, de simulação e indolência, e, frequentemente, de toda espécie de iniquidades, como tramar, trapacear, viver à beira da criminalidade, mas sempre de se alimentarem parasitariamente do corpo social".[9]

As pessoas supérfluas estão numa situação em que é impossível ganhar. Se tentam alinhar-se com as formas de vida hoje louvadas, são logo acusadas de arrogância pecaminosa, falsas aparências e da desfaçatez de reclamarem prêmios imerecidos – senão de intenções criminosas. Caso se queixem abertamente e se recusem a honrar aquelas formas que podem ser saboreadas pelos ricos, mas que, para eles, os despossuídos, são mais como veneno, isso é visto de pronto como prova daquilo que a "opinião pública" (mais corretamente, seus porta-vozes eleitos ou autoproclamados) "já tinha advertido" – que os supérfluos não são apenas um corpo estranho, mas um tumor canceroso que corrói os tecidos sociais saudáveis e inimigos jurados do "nosso modo de vida" e "daquilo que respeitamos".

Cento e trinta anos depois que a palavra apareceu na língua inglesa (para sermos precisos, em 22 de janeiro de 2003), o Altavista apresentou 70.384 sites que tratam de "superpopulação", o Google, "cerca de 118 mil" (levou 0,15 segundo para localizá-los), o Lycos, 336.678 e o Alltheweb, 337.134. Esses números não parecem grandes em particular, sobretudo se comparados aos milhões de sites preocupados com o lixo. Mas, falando do ponto de vista técnico, a superpopulação é apenas um efeito colateral da civilização global emergente que se manifesta na produção e remoção de refugos.

"A produção de corpos supérfluos, não mais exigidos para o trabalho, é consequência direta da globalização", como aponta Hauke Brunkhorst. Ele acrescenta que a peculiaridade da versão globalizada da "superpopulação" é a maneira como ela combina, com grande rapidez, a crescente desigualdade com a exclusão dos "corpos supérfluos" do domínio da comunicação social. "Para os que caem fora do sistema funcional, seja na Índia, no Brasil ou na África, ou mesmo, hoje, em muitos distritos de Paris ou Nova York, todos os outros logo se tornam inacessíveis. Suas vozes não serão mais ouvidas, e muitas vezes eles são literalmente emudecidos."[10]

Os demógrafos tendem a estreitar o conjunto de variáveis consideradas e estimadas para obter previsões fidedignas com respeito ao tamanho da população no futuro. Baseadas necessariamente nas últimas tendências das taxas de nascimento e mortalidade, elas próprias dadas a mudar sem aviso prévio, as previsões dos demógrafos refletem mais os estados mentais do presente que o formato do futuro. Elas estão mais próximas da condição de profecias que dos padrões em geral imputados às previsões científicas – e delas esperados. É evidente que os demógrafos são apenas em parte culpados da incerteza de seus prognósticos: não importam o empenho com que se colhem os dados disponíveis e a cautela com que eles são avaliados, permanece o fato de que a "história futura" não se presta ao estudo científico, desafiando até mesmo as mais avançadas metodologias de predição de que dispõe a ciência. Na atual condição do planeta, caracterizada pela ausência de rotinas firmemente institucionalizadas, a demografia não pode por si só apreender as transformações socioculturais *in statu nascendi*, cuja direção e importância ainda estão longe de ser de todo reveladas. Em particular, é difícil visualizarmos por antecipação os ambientes sociais que podem definir a "redundância" e moldar os mecanismos de remoção do lixo humano do futuro. É com essa restrição em mente que devem ser lidas as estimativas demográficas apresentadas a seguir. Deve-se interpretá-las como evidências das preocupações e inquietações atuais, sujeitas a serem logo desmentidas, abandonadas ou esquecidas e substituídas por outras apreensões.

Segundo o relatório do Earth Policy Institute de 5 de setembro de 2002, a população mundial, atualmente de 6,2 bilhões de pessoas, sofre um acréscimo anual de 77 milhões, mas esse crescimento se distribui de maneira muito desigual. As taxas de fecundidade nos chamados "países desenvolvidos" (ou seja, o bloco dos países ricos do Ocidente e os nichos de rápida "ocidentalização" espalhados por outros lugares) já caíram abaixo do índice mágico de 2,1 filhos por mulher, considerado o "nível de substituição" (crescimento populacional zero). Mas os "países em desenvolvimento", com seus cinco bilhões de pessoas no momento, devem alcançar, segundo as estimativas atuais, 8,2 bilhões em 2050. Já que os países mais pobres, como Afeganistão ou Angola, crescem com maior rapidez, espera-se que sua população pule dos 660 milhões atuais para 1,8 bilhão.

Para enxergar além dos cálculos puramente numéricos sobre os iminentes problemas da "superpopulação" e examinar as realidades socioculturais que eles mais ocultam do que revelam, precisamos primeiro observar que os lugares nos quais se espera que a "bomba populacional" venha a explodir são, em muitos casos, as partes do planeta em que a população, hoje, é menos densa. A África, por exemplo, tem 88 habitantes por quilômetro quadrado, enquanto há 417 pessoas por quilômetro quadrado vivendo na Europa como um todo (mesmo incluindo-se as estepes e as áreas geladas da Rússia), 1.370 no Japão, 1.760 na Holanda, 2.560 em Taiwan e 22.740 em Hong Kong. Como observou há pouco tempo o subeditor-chefe da revista *Forbes*, se toda a população da China e da Índia se mudasse para a área continental dos Estados Unidos, a densidade populacional resultante não excederia a da Inglaterra, Holanda ou Bélgica. E, no entanto, poucos consideram a Holanda um país "superpovoado", embora se ouçam incontáveis alarmes sobre a superpopulação da África ou de toda a Ásia, excetuando-se os poucos "Tigres do Pacífico".

Para explicar esse paradoxo, os analistas das tendências populacionais apontam uma fraca ligação entre a densidade do povoamento e o fenômeno da superpopulação: o grau de superpopulação deve ser medido com referência ao número de pessoas a serem sustentadas pelos recursos que determinado país possui e pela capacidade do meio local de manter a vida humana. Mas, como assinalam Paul e Ann Ehrlich, a Holanda pode suportar sua densidade populacional recorde porque outros países não podem... Em 1984-6, por exemplo, a Holanda importou cerca de quatro milhões de toneladas de cereais, 130 mil toneladas de azeite e 480 mil toneladas de ervilha, feijão e lentilha, tudo de valor relativamente baixo nas trocas de mercadorias globais, o que lhe possibilitou produzir bens para ela própria exportar, como leite ou carne comestível, cujos preços são altos. As nações ricas podem ostentar uma densidade populacional elevada porque são centros de "alta entropia", drenando recursos, sobretudo as fontes de energia, do resto do mundo, e devolvendo em troca o refugo poluente, muitas vezes tóxico, do processamento industrial que esgota, aniquila e destrói grande parte dos recursos energéticos do planeta. A população relativamente pequena (pelos padrões planetários) dos países ricos responde por cerca de dois terços do uso total de energia. Numa palestra de título significativo, "Um número muito grande de ricos", proferida na Conferência Internacional sobre População e Desenvolvimento, realizada no Cairo, entre 5 e 13 de setembro de 1994, Paul Ehrlich resumiu a conclusão de seu estudo produzido em conjunto com Ann Ehrlich:

> O impacto da humanidade sobre o sistema que sustenta a vida na Terra não é determinado apenas pelo número de pessoas que vivem no planeta. Também depende do modo como essas pessoas

se comportam. Quando isso é levado em consideração, o quadro que emerge é completamente diferente: o principal problema populacional está nos países ricos. Há, com efeito, um número demasiadamente grande de pessoas ricas.

Os Ehrlich apresentam de fato uma questão incômoda, que literalmente coloca de cabeça para baixo o quadro que nos é tão caro pelo conforto que traz e por seu poder de absolvição dos pecados que conhecemos e daqueles que preferiríamos desconhecer. Seremos nós – os ricos, os descuidados consumidores dos recursos mundiais – os verdadeiros "parasitas", "aproveitadores" e oportunistas do planeta? Não é que a fecundidade "excedente" ou "excessiva" em que colocamos a culpa pela "superpopulação" do globo teve origem no "nosso glorioso modo de vida" que os porta-vozes políticos declaram "não ser assunto negociável" e juram defender a ferro e fogo?

Por motivos que não precisam ser explicitados, essa é uma conclusão difícil de aceitar. Parece ser da natureza de nossas preocupações com a "superpopulação", ao menos em sua versão atual, concentrar as atenções "neles", e não em "nós". Esse hábito não guarda mistério. Afinal, o grande projeto que separa o "refugo" do "produto útil" não assinala um "estado de coisas objetivo", mas as preferências dos projetistas. Avaliado pelos padrões desse projeto (e não há outros padrões reconhecidos), a fecundidade "deles" é a perdulária, já que coloca uma pressão excessiva, insustentável, sobre o "sistema de sustentação da vida" *deles*, que despendem energia e outros recursos que, em vez disso, deveriam ser drenados para sustentar o *nosso* modo de vida, cada vez mais extravagante, voraz e sedento de combustível. São "eles", portanto, que superpovoam o planeta.

Não admira que o Earth Policy Institute, como tantas outras doutas instituições que o mundo rico funda e mantém para a nossa proteção, tenha poucas dúvidas de que limitar a fecundidade "deles" é a chave para a solução do dilema planetário da "superpopulação". Assim formulada, a tarefa pede um remédio rápido, ainda mais simples e direto por ser dirigido a "eles". O que se precisa é de tecnologia, que nós, com nossa ciência e nossa indústria onipotentes, podemos fornecer e ficaremos felizes em fazê-lo (se o preço for justo). E assim aprendemos com o Instituto que "a disponibilidade de um anticoncepcional eficaz é a chave" – embora reforçar um mercado consumidor dolorosamente apático (em outras palavras, a produção dos esperados consumidores de anticoncepcionais, apelidada eufemisticamente de "elevar o nível de educação e de emprego das mulheres") seja uma condição vital para essa mercadoria ser procurada, comprada e paga.

Foi com esse propósito que a mencionada conferência do Cairo decidiu lançar um "programa de população e saúde" com duração de vinte anos; "eles", os países "em desenvolvimento", pagam dois terços dos custos, e o restante fica por conta dos países "doadores" (*sic!*). Por infortúnio, embora "eles" "tenham honrado amplamente o seu compromisso", nós, os "doadores", deixamos de honrar o nosso e limitamos nossa participação nessa operação em tese conjunta ao envio de produtos farmacêuticos. Foi por causa dessa procrastinação que, na opinião do Earth Policy Institute, 122 milhões de mulheres ficaram grávidas entre 1994 e o ano 2000... Acontece que um aliado inesperado se uniu na batalha contra a exuberante fecundidade "deles": a Aids. Em Botsuana, por exemplo, a expectativa de vida caiu nesse mesmo período de 70 para 36 anos, reduzindo em 28% o prognóstico populacional para 2015. Será que foi apenas pela cobiça e pela autoassumida proteção dos "direitos de propriedade intelectual" que nossas empresas farmacêuticas não mostraram muito empenho em fornecer, a um preço acessível, armas para combater a epidemia?

É sempre o excesso *deles* que *nos* preocupa. Mais perto de casa, é a queda livre das taxas de fecundidade e sua inevitável consequência, o envelhecimento da população, que nos deixam impacientes e exaltados. Haverá um número suficiente de "nós" para sustentar "nosso modo de vida"? Haverá um número suficiente de lixeiros, coletores dos dejetos que "nosso modo de vida" produz todo dia, ou – como pergunta Richard Rorty – um número suficiente de "pessoas que sujam as mãos limpando nossas privadas", recebendo dez vezes menos que nós, "que nos sentamos atrás de escrivaninhas e dedilhamos teclados"?[11] Esse outro lado pouco sedutor da guerra contra a "superpopulação" – a perspectiva sinistra da necessidade "deles" de importar mais, e não menos, apenas para manter "o nosso modo de vida" à tona – assombra as terras dos abastados.

Essa perspectiva não seria tão assustadora – como tende a ser percebida em toda parte, com exceção das ultrasseguras salas de diretoria das empresas e dos salões em que se realizam tediosas conferências acadêmicas –, não fosse por uma nova utilização das pessoas expelidas, em particular as que conseguiram desembarcar nas terras dos ricos.

Digressão: *Sobre a natureza dos poderes humanos*. Ao desenredar o mistério do poder material, humano, Mikhail Bakhtin, um dos maiores filósofos russos do século XX, partiu da descrição do "medo cósmico" – a emoção humana, demasiadamente humana, desencadeada pela magnificência imaterial e desumana do universo; o tipo de medo que precede o poder construído pelo homem e lhe serve de alicerce, protótipo e inspiração. O medo *cósmico* é, nas palavras de Bakhtin, a trepidação sentida

> ... em face do incomensuravelmente grande e do incomensuravelmente poderoso: em face do céu estrelado, da massa física das montanhas, do mar, e o medo de convulsões cósmicas e desastres naturais... O medo cósmico [é] fundamentalmente não místico no sentido estrito (sendo um medo diante do poder materialmente grande e materialmente indefinível)...[12]

Observemos que, no cerne do "medo cósmico", jaz a não entidade do ser assustado, doentio e mortal comparado à enormidade do universo imperecível. A simples fraqueza, incapacidade de resistir, *vulnerabilidade* do corpo humano, frágil e mole, que a visão do "céu estrelado" ou da "massa física das montanhas" revela. Mas também a percepção de que não está ao alcance do poder humano apreender, entender, assimilar mentalmente aquela força apavorante que se manifesta na pura grandiosidade do universo. Esse universo escapa a toda compreensão. Suas intenções são desconhecidas, seus próximos passos, imprevisíveis. Se há um plano preconcebido ou uma lógica em sua ação, com certeza fogem à capacidade humana de compreender. E assim o "medo cósmico" é também o horror do desconhecido: o terror da *incerteza*.

Vulnerabilidade e incerteza são as duas qualidades da condição humana a partir das quais se molda o "medo oficial": o medo do poder *humano*, do poder criado e manipulado pelo homem. Esse "medo oficial" é construído segundo o padrão do poder inumano refletido pelo (ou melhor, que emana do) "medo cósmico".

Bakhtin aponta que o medo cósmico é usado por todos os sistemas religiosos. A imagem de Deus, supremo governante do universo e de seus habitantes, é moldada a partir da bem conhecida emoção do medo da vulnerabilidade e do temor em face da incerteza impenetrável e sem remédio. A religião, portanto, se justifica pelo papel de mediadora eficaz, de intercessora que defende os vulneráveis e os amedrontados no único tribunal capaz de decretar o banimento dos reveses aleatórios do destino. A religião extrai seu poder sobre as almas humanas brandindo a promessa da segurança. Mas, para fazê-lo, teve primeiro de reprocessar o universo, transformando-o em Deus – forçando-o a falar...

Em sua forma original, nascida espontaneamente, o protótipo cósmico é o medo da força *anônima* e *implacável*. O universo assusta, mas não fala. Não exige nada. Não dá instruções sobre como proceder. Não dá a mínima para aquilo que os amedrontados e vulneráveis seres humanos possam fazer ou deixar de fazer. Não há sentido em falar com o céu estrelado, as montanhas ou o mar. Eles não iriam ouvir, e, se ouvissem, não iriam escutar, muito menos responder. Não há sentido em lhes pedir perdão ou favores.

Eles não ligariam. Além disso, apesar de toda a sua força tremenda, eles não realizariam os desejos dos penitentes, ainda que ligassem – faltam-lhes não apenas olhos, ouvidos, mentes e corações, mas também a capacidade de escolha e o poder de arbítrio, e também a capacidade de agir segundo sua vontade e de acelerar ou abrandar a marcha, interromper ou reverter o que de qualquer modo ocorreria. Seus movimentos são inescrutáveis à fraqueza humana, mas também a eles mesmos. Eles são, como o Deus bíblico afirmou no início de Sua conversa com Moisés, "o que são" – mas não seriam capazes de dizer isso, não há sentido em lhes pedir...

O universo assustador transformou-se num Deus assustador quando o verbo foi proferido (o Evangelho segundo São João compreendeu certo, afinal...). Mas a questão é que, embora a assombrosa transformação do universo em Deus tenha convertido os seres humanos em escravos dos mandamentos Divinos, ela também foi um ato de *empoderamento* (*empowerment*), de modo oblíquo, desses mesmos seres. A partir de agora, os seres humanos deveriam ser dóceis, submissos e obedientes – mas também poderiam, ao menos em princípio, fazer alguma coisa para assegurar que fossem poupados das aterrorizantes catástrofes por eles temidas. Poderiam agora ganhar noites livres de pesadelos em troca de dias cheios de aquiescência.

"Houve um estrondo de trovões e de relâmpagos; uma espessa nuvem cobria a montanha, ... e toda a montanha tremia com violência." "Toda a multidão que estava no acampamento tremia." Mas, em meio ao pavor e à perturbação do tumulto e da balbúrdia, a voz de Deus se fez ouvir: "Agora, pois, se obedecerdes a minha voz, e guardardes minha aliança, sereis meu povo particular entre todos os povos." "E todo o povo respondeu em uníssono: 'Faremos tudo que o Senhor disse'" (Êxodo 19). Satisfeito com tal juramento de obediência cega, Deus prometeu levá-los "para essa terra que mana leite e mel" (Êxodo 33).

Pode-se ver que, se devemos entender essa história, como insinua Bakhtin, como um relato do medo cósmico reciclado no tipo "oficial", ela até aqui parece insatisfatória ou incompleta. Ela nos diz que, a partir do memorável encontro do Sinai, as pessoas passaram a sofrer restrições em tudo que faziam segundo um código de leis (exposto de forma meticulosamente detalhada depois de assinarem um cheque em branco prometendo obedecer aos desígnios de Deus quaisquer que estes pudessem ser). Mas ela também nos diz, embora sem usar tantas palavras, que, a partir daquele momento, Deus – agora a fonte do medo "oficial" – passou a estar preso também: pela obediência de Seu povo. Deus havia adquirido vontade e arbítrio apenas para submetê-los novamente! Pelo simples expediente da docilidade, as pessoas podiam obrigar Deus a ser benevolente. Desse modo os seres humanos adquiriram um remédio patenteado contra a vulnerabilidade e um caminho comprovado para exorcizar o espectro da incerteza. Desde que observassem a Lei ao pé da letra, não seriam vulneráveis nem se atormentariam diante da incerteza. Mas sem vulnerabilidade e incerteza não haveria medo. E sem medo, não haveria poder...

E assim, para explicar as origens do poder "oficial" que rivaliza com a força assustadora do padrão "cósmico", o relato do Êxodo deve ser complementado. E o foi – pelo Livro de Jó. Esse livro tornou o pacto assinado no Monte Sinai aplicável numa só direção, já que passível de rescisão unilateral.

Para os habitantes de um Estado moderno concebido como um *Rechtstaat*, a história de Jó era incompreensível de todo. Ela ia contra a essência do que eles tinham sido treinados para enxergar como aquilo a que se referem a harmonia e a lógica da vida. Para os filósofos, a história de Jó era uma dor de cabeça permanente e incurável; ela frustrava suas esperanças de descobrir, ou inserir, lógica e harmonia no fluxo caótico de eventos chamado "história". Gerações de teólogos quebraram a cabeça tentando resolver o mistério: tal como o restante dos homens e mulheres modernos (e todos que memorizaram a mensagem do Livro do Êxodo), eles foram ensinados a buscar uma regra e uma norma, mas a mensagem do livro era de que *não existe regra nem norma*. Mais exatamente, nenhuma regra ou norma a que o poder supremo se vincule. O

Livro de Jó antecipa o veredicto posterior de Carl Schmitt de que "o soberano é aquele que tem o poder de eximir".

O que o Livro de Jó proclama é que Deus nada deve a seus adoradores – decerto não lhes presta conta de seus atos. A onipotência divina inclui o poder do capricho e da extravagância, de fazer milagres e ignorar a lógica da necessidade à qual os seres inferiores só podem obedecer. Deus pode bater quando quiser, e se deixa de bater é somente porque essa é a Sua (boa, benigna, benevolente) vontade. A ideia de que os seres humanos possam controlar a ação de Deus de alguma forma, incluindo a obediência cega e fiel aos Seus mandamentos e a adesão literal à Lei Divina, é uma blasfêmia.

Ao contrário do universo insensível que Ele substituiu, Deus fala e dá ordens. A capacidade de comandar implica, contudo, uma limitação: quem fala também ouve e pode escutar... Deus ouve o que os seres humanos pensam e desejam, e pode descobrir se suas ordens foram obedecidas de modo que os insubordinados possam ser punidos. À diferença do universo insensível e mudo, Deus não é indiferente àquilo que os frágeis seres humanos pensam e fazem. Mas, *tal como* o universo que substituiu, Ele *não* é limitado pelo que eles pensam e fazem. Pode *fazer exceções* – e a lógica da coerência ou universalidade não está isenta dessa prerrogativa Divina. O poder de isentar instaura ao mesmo tempo o poder absoluto de Deus e o medo permanente e incurável dos homens. Graças a esse poder de isenção, os seres humanos são, tal como eram nos tempos anteriores à Lei, vulneráveis e inseguros.

Se é a isso que se refere o poder humano (e é), e se é dessa forma que tal poder extrai os filões da disciplina sobre a qual se baseia (e é), então a *produção* do "medo oficial" é a chave para a sua eficácia. O medo cósmico não necessita de mediadores humanos; o medo oficial, como todos os outros artifícios, não passa sem eles. O medo oficial só pode ser *arquitetado*. Os poderes mundanos não vêm em socorro dos seres humanos já alcançados pelo medo – embora façam o possível, e mais ainda, para convencer seus súditos de que, na verdade, esse é o caso. Os poderes mundanos, muito à semelhança das novidades dos mercados consumidores, precisam criar sua própria demanda. Para que seu controle se mantenha, é preciso que seus objetos sejam *tornados*, e *mantidos*, vulneráveis e inseguros.

E assim eles o são. Refletindo sobre a mensagem da alegoria de Franz Kafka, que conta a história de um animal anônimo, obcecado com a segurança que passou a vida projetando, cavando e aperfeiçoando interminavelmente um abrigo subterrâneo, apenas para aprofundar o terror que o mantinha nesse trabalho,[13] Siegfried Kracauer propõe que, nas sociedades humanas,

... o edifício que uma geração após outra constrói é sinistro, já que sua estrutura é para garantir a segurança que os homens não podem obter. Quanto mais sistematicamente o planejam, menos conseguem respirar dentro dele. Quanto mais tentam erigi-lo sem emendas, mais inevitavelmente ele se transforma num calabouço...

Como esse medo também deseja eliminar (as) inseguranças inerentes à existência característica das criaturas, o refúgio é uma obra de autoilusão.[14]

Conclui ele: "As medidas provocadas pelo medo existencial são elas próprias uma ameaça à existência." Tal como a misteriosa mancha psicanalisada por Freud, os poderes mundanos, nutrindo-se das "inseguranças inerentes à existência humana", dedicam seus esforços à criação de ameaças que mais tarde prometerão combater – e quanto mais tiverem êxito em seu trabalho criativo, maior e mais intensa se tornará a demanda por proteção.

Quando todos, todo o tempo, são vulneráveis e inseguros em relação àquilo que a manhã seguinte pode trazer, a sobrevivência e a segurança, e não uma súbita catástrofe, é que parecem constituir a exceção – na verdade, um milagre que desafia a compreensão humana comum e que exige, para se realizar, presciência, sabedoria e poderes de ação sobre-humanos. Evitar os golpes distribuídos de forma aleatória é que parece ser uma exceção, um dom excepcional, uma demonstração de virtude, uma prova da sabedoria e eficácia das medidas de emergência, do aumento da vigilância, de esforços extraordinários e de precauções excepcionalmente sensatas. A vulnerabilidade e a incerteza humanas são as principais razões de ser de todo poder político. E todo poder político deve cuidar da renovação regular de suas credenciais.

Numa sociedade moderna média, a vulnerabilidade e a insegurança da existência e a necessidade de perseguir os objetivos da vida em condições de incerteza aguda e irredimível são garantidas pela exposição desses objetivos às forças do mercado. Além de colocar em operação, monitorar e vigiar as condições jurídicas das liberdades de mercado, o poder político não tem necessidade de interferir mais para assegurar uma quantidade suficiente e uma provisão permanente de "medo oficial". Ao exigir de seus súditos a disciplina e a obediência à lei, pode basear sua legitimidade na promessa de mitigar o grau de vulnerabilidade e incerteza já existente entre eles: limitar os danos e prejuízos perpetrados pelo livre jogo das forças de mercado, proteger os vulneráveis de golpes dolorosos demais e defender o incerto dos riscos que a livre competição necessariamente enseja. Tal legitimação encontra sua derradeira expressão na autodefinição da moderna forma de governo como um "Estado de bem-estar".

A ideia de "Estado de bem-estar" (mais exatamente, como propõe Robert Castel, "Estado social"[15] – inclinado a combater e neutralizar os perigos socialmente produzidos à existência individual e coletiva) proclamou a intenção de "socializar" os riscos individuais e fazer de sua redução uma tarefa e responsabilidade do Estado. A submissão ao poder do Estado deveria ser legitimada por seu endosso a uma política de proteção contra a desgraça e a calamidade individuais.

Essa forma de poder político hoje recua para o passado. As instituições do "Estado de bem-estar" são desmanteladas aos poucos e ficam defasadas, enquanto restrições antes impostas às atividades comerciais e ao livre jogo da competição de mercado e suas consequências são removidas. As funções protetoras do Estado se reduzem para atingir uma pequena minoria dos não empregáveis e dos inválidos, embora até mesmo essa minoria tenda a ser reclassificada e passar de um assunto do serviço social para uma questão de lei e ordem – a incapacidade de participar do mercado tende a ser cada vez mais criminalizada. O Estado lava as mãos à vulnerabilidade e à incerteza provenientes da lógica (ou da ilogicidade) do mercado livre, agora redefinida como assunto privado, questão que os indivíduos devem tratar e enfrentar com os recursos de suas posses particulares. Como sustenta Ulrich Beck, agora se espera dos indivíduos que procurem soluções biográficas para contradições sistêmicas.[16]

Essas novas tendências têm um efeito colateral: elas solapam os alicerces sobre os quais o poder de Estado, afirmando seu papel crucial no combate à vulnerabilidade e à incerteza que assombram seus súditos, cada vez mais se apoiou na era moderna. O crescimento observado da apatia política, da perda do interesse e do compromisso políticos ("não há mais salvação pela sociedade", na famosa frase de Peter Drucker), o aumento do descaso em relação à lei, a multiplicação de sinais de desobediência cívica (e não tão cívica) e, por último, mas não menos importante, a redução maciça da participação do povo na política institucional – todos esses são testemunhos da destruição dos alicerces do poder de Estado.

Tendo eliminado ou reduzido grandemente sua interferência programática na insegurança produzida pelo mercado, e proclamado que a perpetuação e a intensificação dessa insegurança constituem, pelo contrário, o principal objetivo e uma tarefa a ser realizada por qualquer poder político dedicado ao bem-estar de seus súditos, o Estado contemporâneo deve procurar outras variedades, não econômicas, de vulnerabilidade e incerteza em que possa basear sua legitimidade. Essa alternativa parece ter sido localizada, nos últimos tempos (e talvez praticada de modo mais espetacular pelo governo norte-americano, porém mais como um exercício de estabelecimento de padrões e de "assumir a liderança" do que como uma exceção), na questão da *segurança pessoal*: ameaças e perigos aos corpos humanos, propriedades e hábitos provenientes de atividades criminosas, a conduta antissocial da "subclasse" e, mais recentemente, o terrorismo global.

Ao contrário da insegurança nascida no mercado, que pelo menos tem o dom reconfortante de ser óbvia e visível, essa insegurança alternativa com que se espera restaurar o monopólio da redenção perdido pelo Estado deve ser ampliada de modo artificial, ou ao menos muito dramatizada para inspirar um volume de "medo oficial" grande o bastante para encobrir e relegar a um plano secundário as preocupações com a insegurança economicamente gerada em relação à qual a administração do Estado não pode – e não deseja – fazer coisa alguma. Ao contrário do caso das ameaças geradas pelo mercado aos meios de subsistência e ao bem-estar, a extensão dos perigos à segurança pessoal deve ser muito divulgada e pintada nas cores mais sombrias, de modo que a não materialização das ameaças possa ser aplaudida como um evento extraordinário, resultado da vigilância, do cuidado e da boa vontade dos órgãos do Estado.

Enquanto escrevo estas palavras, as autoridades de Washington aumentam o nível do alerta oficial e, com uma regularidade monótona, advertem sobre a iminência de "outro ataque na escala do 11 de setembro", embora ninguém seja capaz de dizer onde, quando e como ele vai ocorrer. Os norte-americanos são aconselhados a comprar e estocar materiais para consertos hidráulicos, chapas plásticas, um suprimento de água potável para três dias e rádios a pilha. Já houve uma corrida às lojas, e despensas e alpendres estão entulhados de instruções do tipo "faça você mesmo" contra a precipitação radioativa proveniente da terra de fronteira global.

Os temores inspirados e estimulados pelas forças oficiais trabalham sobre as mesmas fraquezas humanas que subjazem ao "medo cósmico" de Bakhtin. O professor Robert Edelmann, apresentado pela colunista de saúde do *Observer* Anna More como "consultor psicológico especializado em síndrome do pânico", aponta para a forma como a falta de controle e a ignorância se fundem e misturam na enervante incerteza produzida pela divulgação, deflagrada e patrocinada pelo Estado, de riscos e perigos; como a incerteza e a ansiedade que ela provoca resultam, pelo que se tem observado, numa profusão de acessos de "estafa, insônia e depressão", que "ocorrem em simultâneo a um grande aumento nas vendas de álcool e cigarros". "Se dirigimos um carro a 150 quilômetros por hora, presumimos estar no controle, mas não é possível se preparar para um ataque terrorista." As fontes esclarecidas que têm acesso àquela informação que você nunca vai ter, assim como a todas as informações disponíveis, admitem com franqueza e em voz alta sua ignorância quanto à quantidade, à localização e aos planos dos terroristas, e anunciam que prever o momento e o lugar do próximo ataque é algo fora de questão. Como Edelmann resume: avaliado em relação à quantidade de pessoas aparentemente ameaçadas, "o número de indivíduos mortos por atos terroristas é muito pequeno. Se o governo e a mídia colocassem a mesma ênfase na quantidade de pessoas mortas todos os dias nas estradas, poderíamos ficar aterrorizados demais para entrarmos em nossos carros".[17]

Mas "tornar as pessoas inseguras e ansiosas" tem sido a tarefa de que a CIA e o FBI mais se ocuparam nos últimos meses: prevenindo os norte-americanos dos iminentes atentados à sua segurança que certamente serão perpetrados, embora seja impossível dizer onde, quando e contra quem, colocando-os num estado de alerta constante e, desse modo, aumentando a tensão. Deve haver tensão – quanto mais, melhor – disponível para ser aliviada quando os atentados não ocorrerem –, de modo que todo crédito pelo alívio possa ser atribuído por consenso popular aos órgãos da lei e da ordem a que a administração do Estado e suas responsabilidades oficialmente declaradas vêm sendo cada vez mais reduzidas.

À sua recente pesquisa sobre os jornais diários mais lidos na Grã-Bretanha, o *Guardian* (de 24 de janeiro de 2003) deu o título: "Imprensa alimenta a histeria sobre asilo político. Editores chamam Grã-Bretanha de paraíso dos gângsteres ao estabelecerem conexões diretas entre refugiados e terroristas." Enquanto o primeiro-ministro britânico usa toda aparição em público para prevenir seus ouvintes de que um ataque terrorista à Grã-Bretanha é dado como certo, embora o lugar e o momento sejam a encarnação da incerteza, e seu secretário do Interior compare a sociedade britânica a uma "mola tensionada", pelos seus incandescentes e inflamáveis problemas com os imigrantes em busca de asilo político, os tabloides se mostram prontos a ligar e misturar as duas advertências numa histeria asilo/terrorista. Mas, na verdade, não só os tabloides. Como observou Stephen Castles, "seguindo-se aos eventos do 11 de setembro, os refugiados têm apresentado uma sinistra ameaça transnacional à segurança das nações – ainda que nenhum dos terroristas do 11 de setembro fosse de fato refugiado ou estivesse em busca de asilo".[18]

Se houvesse um concurso para premiar a fórmula política mais bem composta para a atual edição do medo oficialmente endossado, o primeiro lugar quase com certeza seria do *Sun* – por uma frase que, além de ser fácil demais de digerir, não deixa nada para se adivinhar ou imaginar: "Nós fizemos um convite aberto aos terroristas para que vivam às nossas expensas." Um golpe de mestre, sem dúvida. O novo medo dos terroristas foi misturado e cimentado com o ódio aos "parasitas", sentimento bem entrincheirado, mas que precisa de constante alimento, matando dois coelhos com uma só cajadada e dotando a atual cruzada contra os "parasitas da previdência" de uma nova e invencível arma de intimidação de massa. Enquanto a incerteza econômica não é mais preocupação de um Estado que preferiria deixar para seus súditos individuais a busca individual de remédios individuais para a insegurança existencial individual, o novo tipo de temor coletivo oficialmente inspirado e estimulado foi colocado a serviço da fórmula política. As preocupações dos cidadãos com seu bem-estar foram removidas do traiçoeiro terreno da *précarité* promovida pelo mercado, no qual os governos dos Estados não têm capacidade nem vontade de pisar, e levadas para uma área mais segura e muito mais telefotogênica, em que o poder aterrorizante e a resolução férrea dos governantes podem ser de fato apresentados à admiração pública.

Outros tabloides logo entraram na mesma linha, disputando com calor a prioridade em desmascarar a sinistra conexão entre pessoas em busca de asilo e conspiração terrorista (o *Daily Express* reproduziu em vinte de suas primeiras páginas a triunfante conclusão: "Nós avisamos!"), e compondo sempre novas variações sobre o tema desse coral, em busca das notas mais agudas e do tom mais elevado (o *Daily Mail* insinuou que, "se Hitler tivesse vindo para a Grã-Bretanha em 1944, provavelmente teria ganhado o direito de asilo"). Como observou Steven Morris, autor da pesquisa do *Guardian*, o *News of the World* "publicou uma coluna de David Blunkett advertindo quanto aos mitos a respeito dos refugiados e do terrorismo, ao lado de uma reportagem sobre pessoas em busca de asilo que moram perto do lugar em que D.C. Oake morreu" (D.C. Oake foi morto a tiros quando prendia um imigrante suspeito). De fato, nenhum "t" deixou de ser cortado, nenhum "i" ficou sem o pingo. A mensagem geral foi assim condensada por Fazil Kawani, diretor de comunicação do Conselho de Refugiados: "Essas reportagens dão a impressão de que todas as pessoas em busca de asilo são terroristas e criminosas." Numa bizarra mistura de clichês extraídos de universos de valores incompatíveis entre si, o *Sun* (em seu editorial de 27 de janeiro de 2003) expôs: "Esse mar de humanidade é poluído pelo terrorismo e a doença, e ameaça nosso modo de vida... Blair deve dizer *agora basta*, revogar a lei de direitos humanos *agora* e prender *agora* todos as pessoas ilegais até que seus documentos sejam verificados." Talvez com inveja dos recordes de vendas propiciados por esses alarmes, o respeitável e respeitado *Guardian* (de 5 de fevereiro de 2003) recorreu ao vocabulário dos açougues e, numa manchete de primeira página, anunciou um "plano para abater o número de asilados". Abater... Sentem o cheiro de sangue? Em seu vigoroso estudo sobre a genealogia dos medos modernos, Philippe Robert descobriu que, a partir dos primeiros anos do século XX (ou seja, não por simples coincidência, os primeiros anos do Estado social), o medo do crime começou a diminuir. Essa redução prosseguiu até meados dos anos 1970, quando ocorreu na França uma súbita erupção de pânico sobre "segurança pessoal" focalizada na criminalidade em aparência crescente dos *banlieues* onde se concentravam os imigrantes. O que irrompeu, contudo, na visão de Robert, foi nada mais que uma "bomba de efeito retardado": preocupações explosivas com a segurança já estavam sendo armazenadas com o lento mas contínuo processo de defasagem do seguro coletivo que o Estado social costumava oferecer e com a rápida desregulamentação do mercado de trabalho. Reapresentados como um "perigo para a segurança", os imigrantes ofereciam um conveniente foco alternativo para as apreensões nascidas da súbita instabilidade e vulnerabilidade das posições sociais, e constituíam assim um escoadouro relativamente mais seguro para a descarga da ansiedade e da raiva que tais apreensões não poderiam deixar de causar.[19]

Na visão de Hans-Jörg Albrecht, só a ligação entre a imigração e a inquietação pública com o crescimento da violência e os temores relativos à segurança é que é nova. Fora isso, não tem havido grandes mudanças desde os primórdios do Estado moderno – as imagens folclóricas de demônios que no passado eram usadas para incutir os difusos temores sobre segurança "foram transformadas em perigo e riscos":

A demonização foi substituída pelo conceito e estratégia da "periculização". A governança política, portanto, tornou-se em parte dependente do outro desviante e da mobilização do sentimento de segurança. O poder político e seu estabelecimento, assim como sua preservação, dependem hoje de temas de campanha selecionados com cuidado, entre os quais a segurança (e o sentimento de insegurança) se destaca.[20]

Os imigrantes, permitam-me observar, se ajustam melhor a esse propósito que qualquer outra categoria de vilões genuínos ou supostos. Há uma espécie de "afinidade eletiva" entre os imigrantes (aquele refugo humano proveniente de lugares distantes descarregado em "nosso próprio quintal") e os menos toleráveis de nossos próprios temores domésticos. Quando todos os lugares e posições parecem balançar e não são mais considerados confiáveis, a presença de imigrantes joga sal na ferida. Os imigrantes, e em particular os recém-chegados, exalam o odor opressivo do depósito de lixo que, em seus muitos disfarces, assombra as noites das potenciais vítimas da vulnerabilidade crescente. Para aqueles que os detratam e odeiam, os imigrantes encarnam – de modo visível, tangível, em carne e osso – o pressentimento inarticulado, mas pungente e doloroso, de sua própria condição de descartável. Fica-se tentado a dizer que, se não houvesse imigrantes batendo às portas, eles teriam de ser inventados... De fato, eles fornecem aos governos um "outro desviante" ideal, um alvo muito bem-vindo para "temas de campanha selecionados com esmero".

Despidos de boa parte das prerrogativas e capacidades soberanas pelas forças globalizantes que são impotentes para enfrentar, e muito menos controlar, os governos não têm opção a não ser "selecionar com esmero" os alvos que podem (presume-se) sobrepujar e contra os quais podem apontar suas salvas de retórica e flexionar os músculos, enquanto são ouvidos e vistos pelos súditos agradecidos. Como explica Adam Crawford,

> a "segurança da comunidade", na medida em que se ocupa das questões relativas à "qualidade de vida", está saturada de preocupações sobre segurança e "insegurança ontológica". Ela evoca uma "solução" para o crime, a incivilidade e a desordem, possibilitando assim que o Estado (local) reafirme alguma forma de soberania.

Do ponto de vista simbólico, ele reafirma o controle de um determinado território, que é visível e tangível ... A atual preocupação governamental com a pequena criminalidade, com a desordem e com o comportamento antissocial reflete uma fonte de "ansiedade" a respeito da qual se pode fazer alguma coisa num mundo, sob outros aspectos, inseguro.[21]

E os governos (nacionais, reapresentados, na era da globalização, como locais) de nossos dias "procuram avidamente esferas de atividade em que possam afirmar sua soberania"[22] e demonstrar em público, de modo convincente, que o fizeram.

Fazer associações pode ser mortal, em particular se elas são repetidas em casa com uma monotonia fastidiosa e numa altura ensurdecedora. Com o tempo também podem, pelas mesmas razões, parecer autoevidentes e prescindir de provas. Dando ouvidos à advertência de Hume, podemos insistir em que *post hoc* (ou, nesse sentido, *apud hoc*) *non est propter hoc*[23] – mas, afinal, Hume afirmou que assumir o oposto dessa verdade é a falácia mais comum e mais difícil de erradicar. Supergeneralizante, desautorizada ou mesmo fantasiosa como possa ter sido a associação de terroristas com pessoas em busca de asilo e "migrantes econômicos", elas fizeram seu trabalho: a figura da "pessoa em busca de asilo", que antes estimulava a solidariedade humana e a urgência em ajudar, foi maculada e desonrada, e a própria ideia de "asilo", antes questão de orgulho civil e civilizado, foi reclassificada como uma horrorosa mistura de ingenuidade vexatória com irresponsabilidade criminosa. Quanto aos "migrantes econômicos" que se retiraram das manchetes para abrir espaço às "pessoas em busca de asilo", sinistras, venenosas e portadoras de doenças, não ajudou sua imagem o fato de elas encarnarem, como apontou Jelle van Buren,[24] tudo aquilo que o credo neoliberal considera sagrado e promove como preceitos que deveriam governar a conduta de todos (ou seja, "o desejo de progresso e prosperidade, a responsabilidade individual, a prontidão em assumir riscos etc."). Já acusados de "parasitismo" e de se apegarem aos seus hábitos e credos malévolos e desonrosos, agora não poderiam, não importa o quanto tentassem, livrar-se da acusação indiscriminada de terrorismo lançada sobre "as pessoas como eles", os náufragos e ejetados das marés planetárias de refugo humano. Essa, como já mostramos acima, é a nova utilização que se faz deles, em particular daqueles que conseguiram desembarcar nas terras dos abastados.

Um diligente leitor de jornais e espectador de TV provavelmente já notou que, enquanto as pessoas em busca de asilo, juntamente com os terroristas, são os principais temas das manchetes, os "migrantes econômicos" quase desapareceram dos olhos do público; e que, com toda a excitação produzida pelo recente casamento no inferno dos dois primeiros grupos, a desaparição deste último passou despercebida. Uma explicação é que, embora o sinal de chamada tenha mudado, os sentimentos e atitudes que ele desencadeia continuam os mesmos. Tanto as imagens dos "migrantes econômicos" quanto as das "pessoas em busca de asilo" representam "refugos humanos", e, não importa qual delas seja usada para provocar raiva e ressentimento, o objeto do ressentimento e o alvo sobre o qual a raiva deve ser descarregada permanecem o mesmo. O propósito desse exercício também não se altera: reforçar (salvar? reconstruir?) os muros bolorentos e deteriorados que deveriam manter a sagrada distinção entre os de "dentro" e de "fora" num mundo globalizante, que atribui pouco respeito a ela e a rompe de forma rotineira.

A única diferença entre os dois tipos de "pessoas refugadas" é que, enquanto aquelas em busca de asilo tendem a ser produzidas por sucessivas versões do zelo de projetar e construir a ordem, os migrantes econômicos são um produto colateral da modernização econômica que, como vimos acima, agora abraçou a totalidade do planeta. As origens de ambos os tipos de "refugo humano" são agora globais, embora, na ausência de instituições mundiais capazes e desejosas de atacar de verdade as raízes do problema, uma furiosa busca por respostas administráveis do ponto de vista local para o desafio da remoção e/ou reciclagem do lixo global dificilmente possa ser considerada uma surpresa.

Existe mais uma função útil que o refugo humano pode desempenhar para manter o mundo no seu rumo atual. Os refugiados, os deslocados, as pessoas em busca de asilo, os migrantes, os *sans papiers* constituem o refugo da globalização. Mas não, nos nossos tempos, o único lixo produzido em escala crescente. Há também o lixo "tradicional" da indústria, que acompanhou desde o início a produção moderna. Sua remoção apresenta problemas não menos formidáveis que a do refugo humano, e de fato ainda mais aterrorizantes – e pelas mesmíssimas razões: o progresso econômico que se espalha pelos mais remotos recantos de nosso planeta "abarrotado", esmagando em seu caminho todas as formas de vida remanescentes que se apresentem como alternativas à sociedade de consumo.

Os consumidores de uma sociedade de consumo, da mesma forma que os habitantes da Leônia de Calvino, precisam de coletores de lixo, e muitos, e do tipo que não evitará tocar e manusear o que já foi destinado ao monte de dejetos – mas os próprios consumidores não se dispõem a fazer o trabalho dos coletores. Afinal, foram criados para obter prazer com as coisas, e não sofrimento. Foram educados para se melindrar com o tédio, o trabalho penoso e os passatempos enfadonhos. Foram treinados a procurar implementos que façam por eles o que costumavam fazer por si próprios. Estavam sintonizados com o mundo do *prêt-à-porter* e da satisfação instantânea. É nisso que consistem as delícias da vida do consumidor. É nisso que consiste o consumismo – e ele decerto não inclui o desempenho de tarefas sujas, cansativas, aborrecidas ou apenas desinteressantes, "sem alegria". A cada triunfo sucessivo do consumismo, cresce a necessidade de coletores de lixo, enquanto se reduz a oferta de pessoas dispostas a engrossar suas fileiras.

As pessoas cujas formas de subsistência ortodoxas e forçosamente desvalorizadas já foram marcadas para a destruição, e elas próprias assinaladas como refugo removível, não podem optar. Em seus sonhos noturnos podem moldar-se à semelhança dos consumidores, mas é a sobrevivência física, e não a orgia consumista, que lhes ocupa os dias. Está montado o palco para o encontro dos dejetos humanos com as sobras das orgias consumistas – de fato, parecem ter sido feitos uns para os outros... Por trás da cortina colorida da livre competição e do comércio idem, o *homo hierarquicus* se arrasta. Na sociedade de castas, só os intocáveis podiam (e deviam) manusear coisas intocáveis. No mundo da liberdade e igualdade globais, as terras e a população foram arrumadas numa hierarquia de castas.

Rachel Shabi cita Jim Puckett, um ativista ambiental: "O lixo tóxico sempre descerá montanha abaixo buscando o caminho econômico de menor resistência." Em Guiyu, aldeia chinesa convertida em depósito de lixo eletrônico, assim como em numerosos outros lugares na Índia, Vietnã, Singapura ou Paquistão, habitados por ex-camponeses que caíram (ou foram jogados) do carro do progresso econômico, o refugo eletrônico do Ocidente é "reciclado".

> Dejetos de plástico são queimados, criando pilhas de cinzas contaminadas, ou jogados, juntamente com outros resíduos industriais, em rios, campos ou canais de irrigação. É um trabalho primitivo, perigoso. O lixo venenoso penetra na pele e nos pulmões e se infiltra na terra e na água. O solo de Guiyu contém 200 vezes o nível de chumbo considerado nocivo. A água potável contém 2.400 vezes o nível máximo desse metal estabelecido pela Organização Mundial da Saúde.[25]

Na Grã-Bretanha, produzimos a cada ano cerca de um milhão de toneladas de refugo eletrônico, esperando dobrar esse volume à altura de 2010. Os equipamentos eletrônicos, não muito tempo atrás alinhados entre os bens mais valiosos e duráveis, são agora eminentemente descartáveis e feitos para virar lixo – e rapidamente. As empresas de marketing aceleram seu trajeto rumo à obsolescência "tornando os produtos permanentemente defasados ou criando a impressão de que, se não se mantiver em dia, você é que será o defasado". Como se queixa David Walker, diretor de administração da companhia de reciclagem IT: "Se você tem um Pentium II remendado ou menos que isso, nem as organizações de caridade vão querer." Não admira que sejam necessários cada vez mais seres humanos rebaixados ao nível do remendo, aos quais nem mesmo as organizações de caridade nacionais ou globais ajudariam. E eles são encontrados, graças à cooperação das fábricas produtoras de refugo humano. Em Guiyu, existem cem mil deles – homens, mulheres e crianças trabalhando pelo equivalente a 94 *penny* por dia.

A informação acima foi extraída das páginas 36 e 39 do elegante suplemento semanal do *Guardian*. Entre elas há um anúncio de página inteira de uma máquina de lavar sedutora, vistosa e reluzente com o seguinte texto: "Se alguém lhe disser que existe uma máquina de lavar melhor que esta, esse alguém está mentindo." Talvez. Mas se alguém lhe disser que a máquina do anúncio (que, como está no texto, chega a lembrar seu processo de lavagem favorito) foi feita para continuar sendo a sua preferida muito depois de se anunciar um modelo novo e aperfeiçoado, esse alguém também estará mentindo.

Mas nem todo lixo industrial e doméstico pode ser transportado para lugares distantes em que o refugo humano possa fazer, por alguns centavos, o trabalho sujo e perigoso de lhe dar um fim. Pode-se tentar – e se tenta – arranjar o necessário encontro do lixo material e humano mais perto de casa. Segundo Naomi Klein, a solução cada vez mais popular (usada primeiro pela União Europeia e logo seguida pelos Estados Unidos) é uma "fortaleza regional em múltiplas camadas".

> Um continente-fortaleza é um bloco de nações que unem seus esforços para obter termos favoráveis de outros países, enquanto

patrulham suas fronteiras externas comuns para manter de fora as pessoas desses países. Mas se um continente exerce com seriedade a função de fortaleza, também deve convidar um ou dois países pobres para participar, já que alguém precisa fazer o trabalho sujo e pesado.[26]

A Fortaleza América – a Área de Livre Comércio do Atlântico Norte, o mercado interno norte-americano ampliado para incorporar o Canadá e o México ("depois do petróleo", aponta Naomi Klein, "a mão de obra imigrante é o combustível que impulsiona a economia do sudoeste" dos Estados Unidos) – foi complementada em julho de 2001 pelo "Plan Sur", segundo o qual o governo mexicano assumiu a responsabilidade pelo policiamento maciço de sua fronteira sul e pela interrupção efetiva da onda de lixo humano empobrecido que flui dos países latino-americanos para os Estados Unidos. Desde então, centenas de milhares de migrantes têm sido detidos, encarcerados e deportados pela polícia mexicana antes de atingirem a fronteira norte-americana. Quanto à Fortaleza Europa, "Polônia, Bulgária, Hungria e República Tcheca são os servos pós-modernos, provendo as fábricas de baixos salários em que roupas, equipamentos eletrônicos e automóveis são produzidos por 20 a 25% de seu custo de fabricação na Europa Ocidental". Dentro dos continentes-fortalezas, "uma nova hierarquia social" foi estabelecida visando encontrar-se um equilíbrio entre os dois postulados contraditórios, mas igualmente vitais, que são fronteiras impermeáveis e acesso a mão de obra barata, não exigente, dócil, pronta a aceitar e fazer o que lhe seja oferecido; ou o livre comércio e a necessidade de atender ao sentimento anti-imigrante. "Como se manter aberto aos negócios e fechado às pessoas?", pergunta Klein. E responde: "Fácil. Primeiro você amplia o perímetro, depois tranca a porta."

.3.

A cada refugo seu depósito de lixo
Ou o refugo da globalização

Discutimos diversas funções hoje desempenhadas pelas vítimas das baixas humanas produzidas pela vitória, em âmbito planetário, do progresso econômico. Em circulação pelo globo, em busca de subsistência e na tentativa de se estabelecer onde ela pode ser encontrada, essas pessoas constituem um alvo fácil para a descarga das ansiedades provocadas pelos temores generalizados de redundância social. Nesse processo, são recrutadas para auxiliar os esforços governamentais dos Estados que pretendem reafirmar sua autoridade, reduzida e enfraquecida. Também expusemos, ainda que de modo breve, outros serviços úteis que essas pessoas podem ser levadas a executar. Insinuou-se que, entre estes, tais "funções latentes" (como Robert Merton poderia chamá-las) tornam absolutamente impossível uma solução efetiva para o "problema dos migrantes".

Outra função foi esquadrinhada por François de Bernard. Uma consequência bastante espetacular e potencialmente sinistra dos erráticos processos globalizantes, descontrolados e descomedidos como têm sido até hoje, é, em sua visão, a progressiva "criminalização do globo e globalização do crime".[1] Parte considerável dos bilhões de dólares, libras e euros que todo dia mudam de mãos provém de fontes criminosas e se destinam a fontes criminosas. "Nunca antes foram as máfias tão numerosas, influentes, bem armadas e prósperas." Na maior parte do tempo, a maioria dos poderes políticos não tem capacidade nem disposição para se engajar na luta contra as forças criminosas que, com frequência demasiada, controlam recursos que nenhum governo, sozinho e muitas vezes em conjunto, pode igualar. Essa é uma das razões pelas quais, na visão de Bernard, os governos preferem dirigir a animosidade popular contra os pequenos crimes a se engajar em batalhas que com toda probabilidade prosseguirão por um tempo interminável e decerto consumirão recursos incalculáveis, mas que tendem virtualmente a serem perdidas. Procurar o Inimigo Público Número 1 entre os infelizes imigrantes dos *banlieues* e nos acampamentos para pessoas em busca de asilo é bem mais oportuno e conveniente, mas acima de tudo menos incômodo. Com maior efeito e menores custos, os bairros de imigrantes, repletos de potenciais gatunos e batedores de carteira, podem ser usados como campos de batalha na grande guerra pela lei e a ordem que os governos travam com muito vigor e publicidade ainda maior, embora não sejam avessos a "terceirizá-la" e sublocá-la a empresas de segurança privadas e a iniciativas da parte dos cidadãos.

É muito difícil, para não dizer impossível, avaliar com exatidão a amplitude e a profundidade do poder das máfias e o volume das transações criminosas. A razão é bem simples: embora a sutileza e a precisão dos equipamentos que um *Big Brother* poderia empregar para "espiar você" tenham crescido demais desde a época de Orwell, nenhum *Big Brother* espia o espaço global em que as máfias operam e no qual sempre podem se esconder quando necessário. Esse espaço, eminentemente extraterritorial pelos padrões de territorialidade ainda vigentes e observados na alocação e reivindicação da soberania dos Estados, é em essência uma "zona livre da política". Como observou Richard Rorty em 1996, o "fato central da globalização" é que

> A situação econômica do cidadão de um Estado-nação ultrapassou o controle das leis do Estado... Não há como as leis do Brasil ou

dos Estados Unidos garantirem que o dinheiro ganho no país será gasto no país, nem que o dinheiro poupado no país será investido no país ... Temos agora uma superclasse global que toma todas as decisões econômicas importantes, e o faz de maneira totalmente independente das legislações e, *a fortiori*, da vontade dos eleitores de qualquer país ... A ausência de uma sociedade politicamente organizada de âmbito global significa que os super-ricos podem operar sem consideração a outros interesses que não os seus.[2]

Mas se esse é o "fato central da globalização", então a verdadeira questão não é tanto a "globalização do crime", como aponta Bernard, mas a anulação da diferença entre "legal" e "ilegal", que só uma lei efetiva e aplicável pode traçar. Não existe uma lei global assim para ser violada. Não está em operação lei global alguma que permita separar os atos criminosos de estilo mafioso da "atividade normal do comércio". E não existe, em âmbito global, uma sociedade politicamente organizada de qualquer tipo ou forma que seja capaz de fazer algo tão importante como postular a introdução de normas que possam ser obedecidas do ponto de vista global – muito menos tentar que elas de fato o sejam. No espaço global, regras são estabelecidas e abandonadas no curso da ação, e o mais forte, o mais habilidoso, o mais veloz, o que tem maiores recursos e o mais inescrupuloso é que as impõem e derrubam. No "espaço de fluxos" (expressão de Manuel Castells) global, o conceito de lei só pode ser empregado seguindo-se o preceito de Jacques Derrida, de utilizá-lo *sous rupture*. Citando Teubner e Böckenförde,[3] Hauke Brunkhorst aponta que o estranho "direito global", ao contrário daquele que supomos estar em prática nos modernos Estados-nações, está "muito afastado da política, sem uma forma constitucional, sem democracia, sem hierarquia a partir da base, sem uma cadeia contínua de legitimação democrática". É um "governo sem governante". O que quer que possa passar por "direito global" não pode ser utilizado numa corte de justiça, só podendo ser aplicado em casos muito raros. De forma comparável ao antigo direito civil romano, a aplicação do direito internacional depende da vontade dos que têm o *poder* de aplicá-lo.[4]

Todos os outros – parceiros e jogadores menores – não têm opção a não ser bajular os poderosos. Na melhor das hipóteses, o "sistema jurídico" global é constituído de patronos e dependentes, e hoje apresenta (de fato, se não na teoria) uma colcha de retalhos de privilégios e privações. São os jogadores mais poderosos que distribuem, de maneira esparsa, e de olho na preservação de seu monopólio, o direito de buscar a proteção da lei. Não é que as máfias globais operem nos interstícios das estruturas jurídicas monitoradas e obedecidas pelos Estados-nações; é que, uma vez libertas de restrições legais efetivas e dependendo unicamente do diferencial de poder em vigor, todas as operações no espaço global seguem (segundo o planejado ou por falha) o padrão até aqui associado às máfias, ou à corrupção das normas da lei ao estilo mafioso.

Daí a ansiedade – provocada pela dolorosa experiência de estar perdido e infeliz: não somos os únicos, *ninguém* está no comando, ninguém está por dentro. Não há como dizer quando e de onde virá o próximo ataque, até onde suas ondas vão chegar e qual será o grau do cataclismo. A incerteza e a angústia que dela nasce são produtos básicos da globalização. Os poderes de Estado não podem fazer quase nada para aplacar a incerteza, muito menos para eliminá-la. O máximo que podem fazer é mudar seu foco para objetos alcançáveis. Tirá-la dos objetos em relação aos quais nada podem fazer e colocá-la sobre aqueles que pelo menos lhes propiciam uma demonstração de sua capacidade de manejo e controle. Refugiados, pessoas em busca de asilo, imigrantes – os produtos rejeitados da globalização – se encaixam perfeitamente nesse papel.

Como afirmei em outro trabalho,[5] refugiados e imigrantes, vindos de "longe" e, no entanto, solicitando permissão para se estabelecerem na vizinhança, servem apenas para o papel de efígie a ser queimada como o espectro das "forças globais", temidas e abominadas por fazerem seu trabalho sem consultar aqueles que tendem a ser afetados. Afinal, pessoas em busca de asilo e "migrantes econômicos" são réplicas coletivas (alter ego? companheiros de viagem? imagens no espelho? caricaturas?) da nova elite do poder do mundo globalizado, bem suspeita (e com razão) de ser o verdadeiro vilão dessa peça. Tal como essa elite, eles são esquivos, imprevisíveis, sem laços com lugar algum. Tal como ela, são a epítome do insondável "espaço de fluxos" em que se fincam as raízes da atual precariedade das condições humanas. Procurando em vão por outros escoadouros, mais adequados, os temores e ansiedades se despejam sobre alvos à mão e reemergem como o medo e a raiva populares dirigidos aos "estranhos que vivem nas redondezas". A incerteza não pode ser difundida nem disseminada num confronto direto com a outra encarnação da extraterritorialidade: a elite global que flutua além do controle humano. Essa elite é poderosa demais para ser confrontada e desafiada de modo franco, mesmo que sua localização exata fosse conhecida (o que não é). Os refugiados, por outro lado, são um alvo bastante visível, e imóvel, para o excedente de angústia.

Permitam-me acrescentar que, quando confrontados por um influxo de "*outsiders*" – o refugo do triunfo planetário da modernidade, mas também de uma nova desordem, também planetária, que está sendo construída –, os "estabelecidos" (para usar a memorável terminologia de Norbert Elias) têm toda a razão para se sentirem ameaçados. Além de representarem o "grande desconhecido" encarnado por todos os "estranhos que vivem no nosso meio", esses *outsiders* particulares, os refugiados, trazem os distantes ruídos da guerra e o mau cheiro de lares pilhados e aldeias incendiadas que não podem deixar de nos fazer lembrar como é fácil invadir ou esmagar o casulo de sua rotina segura e familiar (segura *porque* familiar), e como pode ser ilusória a segurança de sua posição. O refugiado, como assinalou Bertolt Brecht em *Die Landschaft des Exile* (A paisagem do exílio), é "*ein Bote des Unglücks*" ("um arauto das más notícias").

Com o benefício da distância, podemos ver que houve um verdadeiro divisor de águas na história moderna, na década entre "os trinta anos gloriosos" do pós-guerra – marcados pela reconstrução, o pacto social e o otimismo desenvolvimentista que acompanhou o desmantelamento do sistema colonial e o florescer de "novas nações" – e o admirável mundo novo caracterizado por fronteiras eliminadas ou rompidas, pela avalanche de informações, a globalização galopante, uma orgia consumista no Norte abastado e um "penetrante sentimento de desespero e exclusão em grande parte do resto do planeta", proveniente do "espetáculo da riqueza, de um lado, e da destituição, de outro".[6] Durante aquela década, o ambiente em que homens e mulheres se defrontam com os desafios da existência foi súbita mas radicalmente transformado, invalidando o conhecimento existente sobre a vida e exigindo uma profunda revisão e retificação das estratégias existenciais.

Ainda não penetramos de todo nas profundezas dessa grande transformação. Não por falta de tentativas: dada a curta distância de tempo que ela se encontra de nós, é recomendável encarar todas as descobertas e avaliações como parciais, e todas as sínteses como provisórias. Com a passagem do tempo, sucessivas camadas de realidades emergentes entraram em nosso campo de visão, cada qual exigindo uma revisão mais profunda e abrangente das crenças recebidas e de nossa rede conceitual que a anterior, a fim de ser esquadrinhada e de ter revelada sua significação. Ainda não atingimos a camada mais profunda; mesmo que tivéssemos, contudo, não seríamos capazes de concluir com certeza que o havíamos feito.

Um aspecto fatal dessa transformação foi revelado bem cedo e desde então tem sido bem documentado: a passagem do modelo de comunidade includente do "Estado social" para um Estado excludente, "penal", voltado para a "justiça criminal" ou o "controle do crime". David Garland, por exemplo, observa que:

> ... houve uma acentuada mudança de ênfase da modalidade do bem-estar para a penal... O modo penal, ao mesmo tempo que

se tornava mais proeminente, também ficou mais punitivo, mais enfático, mais voltado para a segurança... O modo do bem-estar, ao mesmo tempo que se tornava mais silencioso, ficou mais condicional, mais centrado no delito, mais consciente dos riscos...

Os infratores... têm agora menor probabilidade de serem representados no discurso oficial como cidadãos destituídos em busca de apoio. São mostrados, em vez disso, como indivíduos censuráveis, imprestáveis e um tanto perigosos.[7]

Loïc Wacquant observa uma "redefinição da missão do Estado". Este "retira-se da arena econômica, proclama a necessidade de reduzir seu papel social à amplitude e extensão de sua intervenção penal".[8]

De um ângulo diferente, Ulf Hedetoft descreve o mesmo aspecto (ou talvez outro, mas intimamente relacionado) da transformação ocorrida duas a três décadas atrás. Ele nota que "as fronteiras entre Nós e Eles estão sendo retraçadas de modo mais rígido" que nunca. Seguindo Andreas e Snyder,[9] Hedetoft insinua que, além de se tornarem mais seletivas, inchadas, diversificadas e difusas nas formas que assumiram, as fronteiras transformaram-se no que poderíamos chamar de "membranas assimétricas" que permitem a saída, mas "protegem contra o ingresso indesejado de unidades provenientes do outro lado".

> Instituindo medidas de controle nas fronteiras externas, mas, o que é igualmente importante, um regime mais estrito de expedição de vistos nos países de emigração do "Sul", ... [as fronteiras] se diversificaram, da mesma forma que seus controles, ocorrendo não apenas nos locais convencionais, ... mas em aeroportos, embaixadas e consulados, centros de asilo e no espaço virtual na forma da colaboração estabelecida entre polícia e autoridades de imigração em diferentes países.[10]

Como que para fornecer uma evidência imediata em apoio à tese de Hedetoft, o primeiro-ministro britânico Tony Blair recebeu Ruud Lubbers, do Alto Comissariado das Nações Unidas para Refugiados, a fim de propor o estabelecimento de "abrigos seguros" para pessoas em busca de asilo *perto de seus lares*, ou seja, a uma distância segura da Grã-Bretanha e de outros países ricos que, até há pouco tempo, eram seus destinos naturais. Na típica declaração à imprensa da era pós-Grande Transformação, o secretário do Interior, David Blunkett, descreveu o tema da conversa de Blair/ Lubbers como "novos desafios colocados aos países desenvolvidos por aqueles que usam o sistema de asilo como rota para o Ocidente" (usando essa declaração, seria possível queixar-se do desafio colocado aos habitantes de um lugar pelos náufragos que usam o sistema de resgate como rota para a terra firme).

Talvez as duas tendências aqui assinaladas sejam apenas duas manifestações correlatas da mesma preocupação com a segurança, ampliada e quase obsessiva. Talvez ambas possam ser explicadas por uma guinada na balança entre as inclinações inclusivistas e exclusivistas sempre presentes. Ou talvez elas sejam fenômenos sem relação entre si, cada qual sujeito a sua própria lógica. Pode-se mostrar, contudo, que, quaisquer que sejam suas causas imediatas, as duas tendências derivam da mesma raiz: *a difusão global do modo de vida moderno, que agora atingiu os limites mais longínquos do planeta*. Ela eliminou a divisão entre "centro" e "periferia", ou, de maneira mais correta, entre modos de vida "modernos" (ou "desenvolvidos") e "pré-modernos" (ou "subdesenvolvidos" ou "atrasados") – divisão que acompanhou a maior parte da história moderna, quando a revisão dos modos de vida herdados foi confinada a um setor do globo relativamente estreito, embora em expansão constante. Enquanto permaneceu estreito, esse setor pôde usar o diferencial de poder resultante como válvula de escape que o protegia do superaquecimento, e o resto do planeta como depósito para o lixo tóxico produzido por sua própria e contínua modernização.

Mas agora o planeta está cheio. Isso significa, entre outras coisas, que típicos processos modernos, como a construção da ordem e o progresso econômico, ocorrem por toda parte, e assim por toda parte o "refugo humano" é produzido e germinado em quantidades sempre crescentes – agora, porém, na ausência de depósitos "naturais" adequados para sua armazenagem e potencial reciclagem. O processo previsto pela primeira vez por Rosa Luxemburgo um século atrás (embora descrito por ela sobretudo em termos econômicos, e não explicitamente sociais) atingiu o limite máximo.

Rosa Luxemburgo – permitam-me relembrar – propôs que, embora "precise de organizações sociais não capitalistas como ambiente para o seu desenvolvimento", o capitalismo "avança assimilando a própria condição que pode por si só assegurar sua existência". "As organizações não capitalistas fornecem um solo fértil para o capitalismo: o capital se alimenta das ruínas de tais organizações, e embora esse *milieu* não capitalista seja indispensável à acumulação, esta última avança, assim mesmo, à custa desse meio, devorando-o."[11]

Uma cobra comendo o próprio rabo... Ou, poderíamos dizer, utilizando um termo inventado há bem pouco tempo, que – quando a distância entre o rabo e o estômago se tornou curta demais para as chances de sobrevivência da cobra, e as possibilidades autodestrutivas do banquete se evidenciam – o devorador-de-ativos, que precisa sempre de novos ativos a serem despojados, deve, cedo ou tarde, exaurir seus suprimentos ou reduzi-los a um nível abaixo do exigido para sua própria subsistência.

Rosa Luxemburgo divisou um capitalismo que perecia por falta de comida – sucumbindo por ter devorado o último bocado da "alteridade" que lhe servia de alimento. Cem anos depois, parece que um dos resultados mais fatais – talvez *o* mais fatal – do triunfo global da modernidade é a crise aguda da indústria de remoção do lixo humano: como o volume de refugo humano supera a atual capacidade gerencial, há uma expectativa plausível de que a modernidade, agora planetária, se sufoque nos seus próprios dejetos, que ela não pode reassimilar nem suprimir. Existem inúmeros sinais da toxidade sempre crescente desse lixo que se acumula com rapidez. As mórbidas consequências do lixo industrial e doméstico para o equilíbrio ecológico e a capacidade de sustentação do planeta têm sido tema de intensas preocupações já há algum tempo (embora não tenha havido muita ação em consequência dos debates). Mas não chegamos nem perto de ver com clareza e de apreender na totalidade os efeitos de longo alcance das crescentes massas de "pessoas postas de lado" sobre o equilíbrio político e a harmonia social da coexistência humana no planeta.

A nova "plenitude do planeta" – o alcance global da modernização e, assim, a difusão planetária do modo de vida moderno – tem duas consequências diretas brevemente assinaladas nas páginas precedentes.

A primeira delas é o bloqueio dos escoadouros que no passado permitiam drenar e limpar, com regularidade e a tempo, os enclaves do planeta, relativamente poucos, de seu refugo excedente (ou seja, do lixo que excede a capacidade dos dispositivos de reciclagem), que o modo de vida moderno não poderia deixar de produzir numa escala cada vez maior. Como esse modo de vida deixou de ser um privilégio de algumas terras selecionadas, os escoadouros básicos para a remoção do refugo humano, ou seja, as terras "vazias" ou "de ninguém" (mais precisamente, os territórios que, graças ao diferencial de poder global, podiam ser vistos e tratados como vagos e/ou sem dono), desapareceram. Para as "pessoas redundantes" agora produzidas nas partes do planeta que há pouco alcançaram a modernidade ou caíram sob o seu jugo, esses escoadouros nunca existiram – nas chamadas sociedades "pré-modernas", inocentes em relação ao problema do lixo, fosse ele humano ou não, essa necessidade nem chegou a aparecer. Como efeito desse bloqueio dos escoadouros externos ou de sua indisponibilidade, as sociedades voltam cada vez mais contra si mesmas o gume afiado das práticas exclusivistas.

Se o excesso populacional (ou seja, a parcela que não pode ser reassimilada aos padrões de vida normais e reprocessada para a categoria dos membros "úteis" da sociedade) pode ser removido e transportado de modo rotineiro para além das fronteiras do recinto em que se buscam o equilíbrio econômico e a harmonia social, as pessoas que escapam à remoção e permanecem dentro do recinto, mesmo que agora redundantes, são marcadas para a reciclagem. Estão "fora", mas apenas por um tempo – seu "estar fora" é uma anomalia que exige e merece ser curada. Elas precisam claramente ser ajudadas a "voltar para o lado de dentro" logo que possível. São o "exército de reserva da mão de obra" e devem ser colocadas e mantidas em forma de um modo que lhes permita retornar ao serviço ativo na primeira oportunidade.

Tudo isso muda, contudo, quando os canais de drenagem do excedente humano são bloqueados. Como a população "redundante" permanece dentro, ombro a ombro com os "úteis" e "legítimos" restantes, a linha divisória entre a incapacitação momentânea e a destinação peremptória e final à condição de lixo tende a se embaçar e a perder a visibilidade. Em vez de permanecer, como antes, o problema de uma parte distinta da população, a destinação ao "lixo" torna-se o futuro potencial de todo mundo – um dos dois polos entre os quais oscila a posição social presente e futura de todos. Para enfrentar o "problema do refugo" em sua nova forma, os instrumentos e estratagemas de intervenção habituais não são suficientes nem particularmente adequados. As novas políticas a serem inventadas em breve, em resposta à nova forma do antigo problema, com toda probabilidade começarão subsumindo aquelas planejadas para enfrentá-lo em seu formato anterior. Para estar do lado seguro, deve-se preferir as medidas emergenciais dirigidas à questão do "lixo interno", e mais cedo ou mais tarde elas ganharão prioridade sobre todos os outros modos de intervenção nos problemas da redundância como tal, temporária ou não.

Todos esses contratempos e reveses da fortuna e outros assemelhados tendem a ser ampliados e intensificados nas partes do globo que só há pouco tempo se confrontaram com o fenômeno, antes desconhecido, do "excedente populacional" e com o problema de removê-lo. "Há pouco tempo", no caso, significa com atraso – num momento em que o planeta já está cheio, não existem "terras vazias" para servir de depósito de lixo. E qualquer assimetria de fronteiras se volta com firmeza contra os recém-chegados à família dos modernos. As terras circundantes não convidarão seus excedentes nem podem ser, como foram no passado, forçadas a aceitá-los e acomodá-los. Esses "retardatários da modernidade" são obrigados a buscar soluções *locais* para um problema causado globalmente – embora com pífias chances de sucesso.

Onde os negócios familiares e comunais tinham capacidade e disposição de absorver, empregar e sustentar todas as pessoas recém-nascidas, e na maioria das vezes assegurar-lhes a sobrevivência, a rendição diante das pressões e a abertura de seu próprio território à circulação irrestrita do capital e das mercadorias tornaram tudo isso inviável. Só agora é que os recém-chegados à companhia dos modernos vivenciam aquela separação entre o lar e o negócio que os pioneiros da modernidade experimentaram centenas de anos atrás, com todas as sublevações sociais e a miséria humana correspondentes, mas também com o luxo de soluções globais para problemas produzidos localmente – a abundância de terras "vazias" e "de ninguém" que podiam ser facilmente usadas para depositar os excedentes populacionais não mais absorvidos por uma economia emancipada das restrições familiares e comunais: um luxo não mais disponível aos retardatários.

As guerras e massacres tribais, assim como a proliferação de "exércitos guerrilheiros" (com frequência pouco mais que mal disfarçadas gangues) ocupados em dizimar uns aos outros, mas absorvendo e aniquilando nesse processo o "excedente populacional" (sobretudo jovens sem perspectiva de emprego em seus países e sem esperanças) – em suma, um "colonialismo regional" ou "imperialismo dos pobres" –, estão entre tais "soluções locais para problemas globais" que os "retardatários da modernidade" são forçados a empregar, ou melhor, descobrem já estar empregando. Centenas de milhares de pessoas são expulsas de seus lares, assassinadas ou forçadas a fugir o mais depressa possível para fora das fronteiras de seus países.

Talvez a única indústria a prosperar nas terras dos retardatários (desonesta e enganosamente apelidadas de "países em desenvolvimento") seja a produção maciça de refugiados. São os produtos cada vez mais prolíficos dessa indústria que o primeiro-ministro britânico propõe descarregar "perto de seus países natais", em acampamentos temporários para toda vida (desonesta e enganosamente apelidados de "abrigos seguros"), exacerbando desse modo os já não administráveis problemas de "excedente populacional" dos vizinhos próximos que dirigem a contragosto uma indústria semelhante. O objetivo é manter locais os "problemas locais" e cortar pela raiz todas as tentativas de os recém-chegados seguirem o exemplo dos pioneiros da modernidade procurando soluções globais (as únicas efetivas) para problemas manufaturados localmente. No momento em que escrevo estas palavras, numa outra variação sobre o mesmo tema, a Otan foi solicitada a mobilizar seus exércitos para ajudar a Turquia a fechar sua fronteira com o Iraque em vista de um iminente ataque ao país. Vários estadistas dos países pioneiros objetaram, levantando muitas reservas imaginosas – mas ninguém mencionou publicamente que o perigo contra o qual a Turquia devia ser protegida era o influxo de refugiados iraquianos recém-transformados em pessoas sem-teto, e não um ataque dos derrotados e pulverizados soldados do Iraque.[12]

Ainda que honestos, os esforços para represar a maré da "migração econômica" não são e nem podem ser cem por cento bem-sucedidos. A miséria prolongada leva milhões de pessoas ao desespero, e, na era da terra de fronteira global e do crime globalizado, dificilmente se poderia imaginar que houvesse uma carência de "empresas" ávidas por ganhar algum dinheiro, ou alguns milhões, se aproveitando desse desespero. Daí a segunda consequência formidável da atual transformação: milhões de migrantes vagam por estradas que já foram trilhadas pela "população excedente" descarregada pelas estufas da modernidade – só que na direção inversa, e desta vez desassistidas (pelo menos até agora) por exércitos de conquistadores, comerciantes e missionários. A dimensão plena dessa consequência e de suas repercussões ainda está por ser revelada e apreendida em todas as suas diversas ramificações.

Numa breve embora intensa troca de opiniões que teve lugar quase no final de 2001, a respeito da guerra no Afeganistão, Garry Younge refletiu sobre a condição do planeta um dia *antes* do 11 de setembro, ou seja, do dia que, por consenso geral, chocou o mundo e o lançou numa fase em tudo diferente de sua história. Ele recordou "um barco cheio de refugiados afegãos que flutuava ao largo da costa da Austrália" e era afinal forçado (para aplauso de 90% dos australianos) a aportar numa ilha desabitada no meio do oceano Pacífico:

> É interessante agora que eles fossem afegãos, já que a Austrália está profundamente envolvida com a coalizão, pensa que nada há de melhor que um afegão libertado e está preparada a enviar suas bombas para libertar o Afeganistão ... Também é interessante termos agora um secretário de Assuntos Exteriores que compara o Afeganistão aos nazistas, mas que, quando era secretário do Interior e um grupo de afegãos aportou em Stansted, afirmou não haver perigo de perseguição, e os fez voltar.[13]

Younge conclui que, no dia 10 de setembro, o mundo era "um lugar sem lei" em que tanto ricos quanto pobres sabiam que "o poder está certo", em que os fortes e poderosos podiam ignorar e contornar o direito internacional (ou o que quer que receba este nome) quando o achassem inconveniente, e em que riqueza e poder determinam não apenas a economia, mas a moral e a política do espaço global e, nesse sentido, tudo mais que diga respeito às condições de vida no planeta.

No momento em que escrevo, um juiz do Tribunal Superior em Londres aprecia um processo que contesta a legalidade do tratamento dispensado a seis pessoas em busca de asilo, fugindo de regimes oficialmente reconhecidos como "maléficos" e/ou violadores ou negligentes em relação aos direitos humanos, tais como Iraque, Angola, Ruanda, Etiópia e Irã.[14] Keir Starmer, QC (advogado da rainha), disse ao juiz, o ministro Collins, que as novas normas introduzidas na Grã-Bretanha deixaram centenas de pessoas em busca de asilo "tão destituídas que elas não podem manter seus processos em andamento". Elas dormiam nas ruas e estavam com frio, fome e medo, além de doentes. Algumas tinham sido "obrigadas a viver em cabines telefônicas e estacionamentos". Não se permitia que recebessem "dinheiro, acomodação e comida", e eram proibidas de procurar trabalho remunerado, ao mesmo tempo que lhes era negado o acesso aos benefícios da previdência social. E também não tinham tipo algum de controle sobre quando, onde ou se seus pedidos de asilo seriam avaliados. Uma mulher que escapou de Ruanda depois de ter sido várias vezes violentada e espancada acabou passando a noite num banco do posto policial de Croydon – sob a condição de que não dormisse. Um angolano que encontrou o pai morto e a mãe e a irmã nuas depois de inúmeras vezes estupradas teve negado todo apoio e acabou tendo que dormir nas ruas. Duzentos casos similares aguardam neste momento a decisão dos tribunais. No caso apresentado por Keir Starmer, o juiz considerou ilegal a recusa em prestar assistência social. O secretário do Interior reagiu com raiva a esse veredicto: "Com franqueza, estou cheio de ser obrigado a lidar com situações em que o Parlamento debate um assunto e os juízes depois derrubam sua decisão... Não aceitamos o que o ministro Collins disse. Vamos tentar reverter isso."[15]

O problema dos seis cujo caso foi apresentado por Keir Starmer com toda probabilidade é um efeito colateral da superpopulação e do congestionamento dos acampamentos projetados ou improvisados para os quais as pessoas em busca de asilo são em geral levadas na hora do desembarque. O número de vítimas da globalização destituídas de um teto e de um Estado cresce com demasiada rapidez para que o trabalho de projetar e construir os acampamentos possa acompanhá-lo.

Um dos efeitos mais sinistros da globalização é a desregulamentação das guerras. A maioria das ações belicosas de hoje, e as mais cruéis e sangrentas de todas, são conduzidas por entidades não estatais, que não se sujeitam às leis do Estado nem às convenções internacionais. São ao mesmo tempo produtos e causas acessórias, mas poderosas, da contínua erosão da soberania do Estado e da permanente condição de terra de fronteira que caracteriza o espaço global "interestatal". Os antagonismos intertribais vêm à tona graças à debilitação do poder do Estado, ou, no caso dos "novos Estados", do fato de não ter havido tempo para que esse poder se desenvolvesse. Quando desencadeados, eles tornam as leis promulgadas pelo Estado, sejam elas incipientes ou consolidadas, inaplicáveis e quase nulas.

A população como um todo se vê num espaço sem lei. A parte dela que decide e consegue fugir do campo de batalha encontra-se em outro tipo de lugar em que a lei não existe, a terra de fronteira global. Uma vez fora dos limites de seus países nativos, os fugitivos são privados do apoio de uma autoridade estatal reconhecida que poderia tomá-los sob sua proteção, reivindicar seus direitos e interceder por eles perante as potências estrangeiras. Os refugiados são destituídos de Estado, mas num novo sentido: sua condição de sem Estado é alçada a um nível totalmente inédito devido à inexistência de uma autoridade estatal à qual sua cidadania possa referir-se. São, como aponta Michel Agier em seu inspiradíssimo estudo dos refugiados na era da globalização[16], *hors du nomos* – fora da lei. Não desta ou daquela lei deste ou daquele país, mas da *lei como tal*. São proscritos e fora da lei de um novo tipo, produtos da globalização e principal síntese e encarnação do seu espírito de terra de fronteira. Para citar Agier mais uma vez, eles foram lançados à condição de "náufragos liminares", sem possibilidade de saber se tal condição é transitória ou permanente. Mesmo que fiquem parados num lugar por algum tempo, estão numa jornada que nunca chega ao fim, já que seu destino (de chegada ou de retorno) permanece eternamente incerto, enquanto um lugar que pudessem chamar de "terminal" permanece eternamente inacessível. Seu destino é jamais se libertar da torturante consciência da transitoriedade, indefinição e provisoriedade de qualquer assentamento.

A difícil situação dos refugiados palestinos – muitos dos quais nunca tiveram a sensação de viver fora dos campos que lhes foram arrumados com pressa mais de cinquenta anos atrás – tem sido bem documentada. À medida, porém, que a globalização cobra o seu tributo, novos campos (menos famosos e ignorados ou esquecidos) se multiplicam em torno das áreas conflagradas, prefigurando o modelo que, pela vontade de Tony Blair, o Alto Comissariado das Nações Unidas para Refugiados deveria tornar obrigatório. Por exemplo, os três campos de refugiados de Dabaab, habitados por tantas pessoas quanto o restante da província queniana de Garissa, onde foram erguidos em 1991-2, não mostram sinais de que venham a ser fechados em breve, embora até hoje não constem do mapa do país. O mesmo se aplica aos campos de Ilfo (inaugurado em setembro de 1991), Dagahaley (março de 1992) e Hagdera (junho de 1992).[17]

A caminho dos campos de refugiados, os futuros internos se veem despidos de todos os elementos que compõem suas identidades, menos um: a condição de refugiados sem Estado, sem lugar, sem função. De dentro das cercas do campo, são reduzidos a uma massa sem rosto, e lhes é negado o acesso às amenidades elementares das quais se extraem as identidades, assim como dos fios com que elas são tecidas. Tornar-se "*um* refugiado" significa perder

> os meios sobre os quais assenta a existência social, ou seja, um conjunto de coisas e pessoas comuns portadoras de significados – terra, casa, aldeia, cidade, posses, empregos e outros marcos divisórios cotidianos. Essas criaturas à deriva e à espera não têm nada senão sua "vida crua", cuja continuação depende da ajuda humanitária.[18]

Quanto ao último aspecto, são muitas as apreensões. Será que a figura do agente humanitário, quer seja contratado ou voluntário, não é ela própria um elo na cadeia da exclusão? Há dúvidas sobre se as agências de proteção que fazem o melhor possível para afastar as pessoas do perigo não contribuem, inadvertidamente, para o trabalho de "limpeza étnica". Esse agente não seria, reflete Agier, um "agente da exclusão a um menor custo" e (ainda mais importante) um instrumento projetado para descarregar e dissipar a ansiedade do restante do mundo, eliminando sua culpa e aplacando seus escrúpulos, assim como reduzindo o senso de urgência e o medo da eventualidade? Colocar os refugiados nas mãos dos "agentes humanitários" (e fechar os olhos aos guardas armados que ficam no fundo) parece ser a forma ideal de conciliar o inconciliável: a vontade esmagadora de remover o perigoso refugo humano satisfazendo ao mesmo tempo o pungente impulso de retidão moral.

> É possível que se possa curar a consciência culpada devido ao problema da parcela condenada da humanidade. Para obter esse efeito, será suficiente permitir que tenha curso o processo de biossegregação, de invocar e fixar identidades manchadas por guerras, violência, êxodos, moléstias, miséria e desigualdade – um processo em pleno andamento. Os portadores do estigma seriam definitivamente mantidos a distância por motivo de sua humanidade inferior, ou seja, de sua desumanização física e também moral.[19]

Os refugiados são refugo humano, sem função útil para desempenharem na terra a que chegaram e na qual permanecerão temporariamente, nem a intenção ou perspectiva realista de serem assimilados e anexados ao novo corpo social. De sua localização atual, o depósito de lixo, não há retorno nem estrada que leve em frente (a menos que seja para lugares ainda mais longínquos, como no caso dos refugiados afegãos escoltados por navios de guerra australianos para uma ilha distante de todas as rotas navegadas). Uma distância grande o bastante para evitar que os venenosos eflúvios da decomposição social atinjam lugares habitados por seus moradores nativos – esse é o principal critério pelo qual se determina a localização de seus campos para sempre temporários. Fora daquele lugar, os refugiados são um obstáculo e um problema. Dentro dele, são esquecidos. Ao mantê-los lá, impedindo sua saída, ao tornarem a separação final e irreversível, a "compaixão por alguns e o ódio pelos outros" colaboram na produção do mesmo efeito de tomar e manter distância.[20]

Nada lhes é deixado senão os muros, o arame farpado, os portões vigiados, os guardas armados. Entre estes, eles definem sua identidade de refugiados – ou melhor, exercem seu direito à autodefinição. Todo refugo, incluindo as pessoas refugiadas, tende a ser empilhado de maneira indiscriminada nos mesmos depósitos. O ato de destinar ao lixo põe fim a diferenças, individualidades, idiossincrasias. O refugo não precisa de distinções requintadas e matizes sutis, a menos que seja marcado para a reciclagem. Mas as perspectivas dos refugiados de serem reciclados em membros legítimos e reconhecidos da sociedade humana são, para dizer o mínimo, reduzidas e muitíssimo remotas. Tomaram-se todas as medidas para garantir a permanência de sua exclusão. As pessoas destituídas de qualidades foram depositadas num território sem denominação, enquanto todas as estradas que levam de volta a lugares significativos e a espaços em que significados socialmente legíveis podem e são forjados no cotidiano foram bloqueadas para sempre.

O número exato dos refugiados espalhados pelo mundo é um tema controvertido e propenso a permanecer como tal, dado que a própria ideia de "refugiado" – escondendo ao mesmo tempo que revela – é um "conceito essencialmente contestado". Os números mais fidedignos são produzidos de forma burocrática por meio de registro e arquivamento – basicamente pelo Alto Comissariado das Nações Unidas para Refugiados (Acnur), nos relatórios anuais intitulados *The State of the World's Refugees*. Estes fornecem o número de pessoas já reconhecidas como enquadradas pela definição da ONU de "refugiado" e, portanto, objetos legítimos das preocupações do Acnur. O relatório mais recente estimava esse número em 22,1 milhões (o que não inclui os refugiados sob os cuidados de outras agências, sobretudo os quatro milhões de refugiados palestinos e certamente as minorias perseguidas às quais se nega cidadania, que não são registradas em lugar algum ou que tiveram negado o registro). Desses 22,1 milhões registrados no ano 2000, 40% estavam na Ásia, aproximadamente 27% na Europa e pouco mais de 25% na África. Os mais prolíficos fornecedores de refugiados eram as áreas de conflitos tribais e os lugares-alvo das operações militares globais: Burundi, Sudão, Bósnia e Herzegovina, Iraque.[21] A maioria dos países, queixa-se o Acnur, "não aceita a definição" pela qual esse organismo opera. Um número ainda maior insiste em assegurar que a proteção temporária, oferecida sob pressão, "é de fato temporária", e que os refugiados acabarão sendo enviados de volta aos países de origem ou remetidos para outros lugares. "Estar sob proteção" não significa "ser desejado" – e se faz o possível, e mais ainda, para evitar que os refugiados confundam as duas condições.

Uma vez refugiado, sempre refugiado. Todas as estradas que levam de volta ao paraíso doméstico perdido (ou melhor, não mais existente) foram bloqueadas, e todas as saídas do purgatório que o campo de refugiados representa conduzem ao inferno... A desanimadora sucessão de dias vazios dentro do perímetro do campo pode ser dura de aguentar, mas Deus proíbe que os agentes plenipotenciários da humanidade, nomeados ou voluntários, cujo trabalho é manter os refugiados dentro do campo, mas longe da perdição, puxem a tampa. Mas eles o fazem, repetidas vezes, no momento em que os poderes constituídos decidem que os exilados não são mais refugiados porque "é seguro voltar" para uma terra natal que perdeu essa condição e possivelmente não tem nada de desejável para lhes oferecer. Existem, por exemplo, cerca de 900 mil refugiados dos massacres intertribais e dos campos de batalha das guerras incivis travadas há décadas na Etiópia e na Eritréia espalhados pelas regiões setentrionais do

Sudão, também um país empobrecido e devastado pela guerra. Estão misturados com outros refugiados que relembram com horror os campos de morticínio do sul do Sudão.[22] Por decisão do Acnur, endossada pelas agências de caridade não governamentais, eles não são mais refugiados e, portanto, não se qualificam para receber ajuda humanitária. Mas eles se recusaram a partir; aparentemente não acreditam que haja um "lar" para o qual possam "voltar", já que os lares de que se lembram foram destruídos ou roubados. A nova tarefa de seus guardiões humanitários é, assim, *fazê-los* partir... No campo de Kassala, ao corte do suprimento de água seguiu-se a remoção forçada dos internos para fora do perímetro do campo, que, tal como seus lares na Etiópia, foi arrasado a fim de se evitar qualquer ideia de retorno. A mesma sorte foi reservada aos internos dos campos de Um Gulsam Laffa e Newshagarab. Segundo o testemunho dos moradores das aldeias próximas, cerca de oito mil internos pereceram com o fechamento dos hospitais, a destruição dos poços de água e a interrupção da entrega de comida. É difícil verificar qual foi o seu destino, embora se possa ter certeza de uma coisa: centenas de milhares desapareceram dos registros e estatísticas referentes a refugiados, mesmo que não tenham conseguido escapar da terra de nenhures da não humanidade.

Os refugiados, o refugo humano da terra de fronteira global, são "os forasteiros personificados", os forasteiros absolutos, forasteiros em toda parte e em todo canto deslocados – exceto nos lugares que são, eles próprios, deslocados: os "lugares de nenhures" que não aparecem em qualquer dos mapas utilizados pelas pessoas comuns em suas viagens. Uma vez de fora, indefinidamente de fora, uma cerca segura com torres de vigia é o único mecanismo necessário para fazer com que a "indefinitude" do deslocado se sustente pela eternidade.

É uma história diferente com as pessoas redundantes já "dentro" e destinadas a ficar dentro porque a nova plenitude do planeta impede sua exclusão territorial. Com a ausência de lugares vazios para os quais pudessem ser deportadas, e o bloqueio daqueles aos quais viajariam por livre-arbítrio em busca de sustento, os depósitos de lixo devem ser estabelecidos dentro da localidade que as tornou supérfluas. Tais locais emergem em todas as grandes cidades, ou na maioria delas. São guetos urbanos, ou melhor, segundo o insight de Loïc Wacquant, "hiperguetos".[23]

Os guetos, com ou sem este nome, são instituições antigas. Servem ao propósito da "estratificação compósita" (e ao mesmo tempo da "privação múltipla"), superpondo a separação territorial à diferenciação por casta ou classe. Os guetos podem ser voluntários ou involuntários (embora só estes últimos tendam a carregar o estigma do nome), e a principal diferença entre ambos é o lado da "fronteira assimétrica" com o qual se defrontam – os obstáculos empilhados, respectivamente, na entrada ou na saída da área do gueto.

Mesmo no caso dos "guetos involuntários" havia, contudo, alguns fatores de "atração" adicionados às decisivas forças de "repulsão". Eles costumavam ser "minissociedades", replicando em miniatura todas as principais instituições que atendiam às necessidades e ocupações da vida diária daqueles que viviam dentro de suas fronteiras. Também forneciam a seus residentes certo grau de segurança e pelo menos um sopro do sentimento de *chez soi*, de estar em casa, indisponível aos de fora. Para citar a descrição de Wacquant do padrão dominante nos guetos negros dos Estados Unidos no século passado,

> ... o poder econômico da burguesia negra [médicos, advogados, professores, empresários] baseava-se no fornecimento de bens e serviços a seus irmãos da classe baixa; e todos os moradores "escuros" da cidade estavam unidos em sua rejeição comum à subordinação de casta e em sua preocupação permanente com o "progresso da raça" ... Em consequência, o gueto do pós-guerra era *integrado tanto social quanto estruturalmente* – mesmo os "malandros" que ganhavam a vida em atividades ilícitas como o "jogo de números",

a venda de bebidas alcoólicas, a prostituição e outras recreações *risqués* se entrelaçavam com as diferentes classes.[24]

Os guetos ortodoxos podem ter sido enclaves cercados por barreiras (físicas e sociais) insuperáveis, ainda quando imateriais, e com as poucas saídas remanescentes cada vez mais difíceis de negociar. Podem ter sido instrumentos da segregação de classe e casta e podem ter marcado seus moradores com o estigma da inferioridade e da rejeição social. Mas, ao contrário dos "hiperguetos" que se desenvolveram a partir deles e assumiram seu lugar perto do fim do século passado, não eram depósitos de lixo para a população excedente, redundante, não empregável e sem função. À diferença de seu predecessor clássico, o novo gueto, nas palavras de Wacquant, "não serve de reservatório da mão de obra industrial descartável, mas de mero depósito de lixo [daqueles para quem] a sociedade envolvente não tem uso econômico nem político". Abandonados por suas próprias classes médias, que deixaram de depender apenas da clientela negra e resolveram abrir caminho rumo à maior segurança dos guetos voluntários das "comunidades fechadas", os moradores do gueto não podem criar seus próprios usos econômicos ou políticos alternativos em substituição aos usos que lhes foram negados pela sociedade mais ampla. Como resultado, "enquanto o gueto, em sua forma clássica, funcionava em parte como um escudo protetor contra a brutal exclusão racial, o hipergueto perdeu seu papel positivo de amortecedor coletivo, tornando-se um mecanismo mortal da pura e simples exclusão social".

Em outras palavras: o gueto negro norte-americano transformou-se pura e simplesmente num depósito de lixo de finalidade virtualmente específica. "Ele se desenvolveu num mecanismo unidimensional de pura exclusão, um depósito de pessoas em que se descartam os segmentos da sociedade urbana considerados desonrados, desprezados e perigosos."

Wacquant observa e lista uma série de processos paralelos e mutuamente coordenados que aproximam ainda mais os guetos negros norte-americanos do modelo prisional goffmanesco das "instituições totais": uma "prisionização" da habitação pública que traz ainda mais reminiscências das casas de detenção, com novos "conjuntos" "cercados, seu perímetro sob a vigilância de patrulhas de segurança e controles autoritários ampliados" – e, como observou Jerome G. Miller, "revistas aleatórias, segregação, toques de recolher e contagens de moradores –, todos eles processos conhecidos da administração prisional eficiente";[25] e a transformação das escolas mantidas pelo Estado em "instituições de confinamento", cuja missão básica não é educar, mas assegurar "a custódia e o controle" – "de fato, parece que o propósito principal dessas escolas é apenas 'neutralizar' os jovens considerados indignos e indisciplinados, mantendo-os trancados durante o dia de modo que, no mínimo, não se envolvam em crimes de rua".

Há um movimento na direção oposta, da transformação da natureza das prisões norte-americanas, de suas funções manifestas e latentes, de seus objetivos tácitos e declarados, e de suas rotinas e estruturas físicas, de modo que os guetos e prisões urbanas confluam a meio caminho, seu lugar de encontro sendo o papel explícito de um depósito de lixo para o refugo humano. Novamente citando Wacquant:

> A "Casa Grande" que corporificava o ideal correcional de tratamento dos internos com vistas ao seu aprimoramento e de sua reintegração à comunidade deu lugar a um "depósito" dividido pela raça e dominado pela violência que funciona apenas para neutralizar os rejeitos sociais, isolando-os da sociedade.[26]

No que se refere a outros guetos urbanos, e em particular aos guetos que emergem no grande número de cidades europeias com uma significativa população de imigrantes, uma transformação semelhante pode estar bem avançada, mas permanece incompleta. Guetos urbanos racial ou etnicamente puros continuam raridades na Europa. Além disso, à diferença dos negros norte-americanos, os imigrantes recentes ou relativamente recentes que os habitam não são um refugo humano produzido no local – são um "refugo importado" de outros países com um resto de esperança de reciclagem. A questão de tal "reciclagem" estar ou não no programa, e, portanto, de a destinação ao lixo ser ou não terminal e globalmente vinculante, permanece em aberto. Esses guetos urbanos continuam a ser, podemos dizer, "hospedarias de beira de estrada" ou "vias de mão dupla". É em razão de seu caráter provisório, não decidido, indefinido, que eles são a fonte e o alvo de uma tensão aguda que irrompe todo dia em escaramuças entre patrulhas de reconhecimento e em conflitos de fronteira.

Essa ambiguidade que marca a separação entre os guetos de população imigrante e até agora mista das cidades europeias e os "hiperguetos" norte-americanos pode, contudo, não perdurar. Como descobriu Philippe Robert, os guetos urbanos franceses, que em sua origem apresentavam a característica de estações de "trânsito" ou de "passagem" para novos imigrantes que deveriam logo ser assimilados e digeridos pelas estruturas urbanas estabelecidas, transformaram-se em "espaços de exclusão" desde que o emprego foi desregulamentado, tornando-se precário e volátil, e o desemprego passou a ser duradouro. Foi então que o ressentimento e a animosidade da população estabelecida transformaram-se num muro virtualmente impenetrável, trancando do lado de fora os recém-chegados-transformados-em-forasteiros. Os *quartiers*, já socialmente degradados e que tiveram cortada a comunicação com outras partes das cidades, eram agora "os únicos lugares em que [os imigrantes] podiam sentir-se *chez soi*, abrigados dos olhares malévolos do restante da população".[27]

Hughes Lagrange e Thierry Pech observam, além disso, que, desde que o Estado, abandonando a maior parte de suas funções econômicas e sociais, escolheu a "política de segurança" (e, de maneira mais concreta, de segurança pessoal) como o eixo de uma estratégia para recuperar a autoridade perdida e restaurar sua importância como protetor aos olhos dos cidadãos, o influxo de recém-chegados tem recebido a culpa, de modo direto ou oblíquo, pelo aumento da inquietação e dos temores difusos que emanam de um mercado de trabalho cada vez mais precário.[28] Os *quartiers* de imigrantes eram apresentados como estufas da pequena criminalidade, da mendicância e da prostituição, que por sua vez eram acusadas de desempenhar um papel importante na crescente ansiedade dos "cidadãos comuns". Para os aplausos dos cidadãos que buscam desesperadamente as raízes de sua inabilitante ansiedade, o Estado flexionou os músculos, embora débeis e indolentes em todos os outros domínios, em plena vista do público – criminalizando as margens da população que se mostravam mais frágeis e viviam de forma mais precária, projetando políticas de "mão firme" cada vez mais rígidas e severas, e lançando espetaculares campanhas contra o crime centradas no refugo humano de origem estrangeira depositado nos subúrbios das cidades francesas.

Loïc Wacquant observa um paradoxo:

> As mesmas pessoas que ontem lutavam com visível sucesso por "menos Estado", a fim de libertar o capital e o modo como ele usava a força de trabalho, hoje em dia exigem vigorosamente "mais Estado" para conter e ocultar as deletérias consequências sociais da desregulamentação das condições de emprego e da deterioração da proteção concedida pela sociedade às regiões inferiores do espaço social.[29]

É evidente: o que Wacquant percebe não passa de um paradoxo. A evidente mudança de ânimo segue estritamente a lógica da transformação da reciclagem em remoção de refugo humano. Essa transformação foi radical o bastante para tornar necessária a ajuda entusiástica e enérgica do poder do Estado – e este aceitou.

Ele o fez primeiro desmantelando as formas coletivas de seguro destinadas a cobrir os indivíduos que caíam (por um tempo, ao que se presumia) da esteira produtiva. Era o tipo de seguro que fazia óbvio sentido tanto para a direita quanto para a esquerda do espectro político, já que a queda (e, assim, a destinação ao refugo produtivo) era considerada uma infelicidade temporária, anunciando um breve estágio de reciclagem (de "reabilitação" para o posterior retorno ao serviço ativo na força industrial). Mas logo ela perdeu seu apoio "além da esquerda e da direita" quando as perspectivas de reciclagem começaram a parecer remotas e incertas, e as instalações destinadas a processá-la regularmente se mostraram cada vez mais incapazes de acomodar todos os que tinham caído ou que nem chegaram a se erguer.

Em segundo lugar, o Estado impôs, projetando e construindo, novos locais seguros para depositar o lixo – uma empreitada perfeita para obter um apoio popular cada vez maior quando as esperanças de reciclagem bem-sucedida se desvaneceram, o método tradicional de remoção do refugo humano (por meio da exportação do excedente de mão de obra) tornou-se indisponível e a suspeita de descartabilidade humana universal se aprofundou e espalhou, juntamente com o horror evocado pela visão das "pessoas refugadas".

O Estado social está se tornando aos poucos, mas de modo inexorável e consistente, um "Estado-guarnição", como o chama Henry A. Giroux, descrevendo-o como um Estado que cada vez mais protege os interesses das corporações globais, transnacionais, "enquanto aumenta o grau de repressão e militarização do *front* doméstico". Os problemas sociais são cada vez mais criminalizados. Pelo resumo de Giroux,

> A repressão aumenta e substitui a compaixão. Problemas reais como a redução do mercado imobiliário e o desemprego maciço nas cidades – como causas da questão dos sem-teto, da ociosidade juvenil e da epidemia das drogas – são desprezados em favor de políticas associadas à disciplina, ao refreamento e ao controle.[30]

A proximidade imediata de amplas e crescentes aglomerações de "pessoas refugadas", que tendem a ser duradouras e permanentes, exige políticas segregacionistas mais estritas e medidas de segurança extraordinárias para que a "saúde da sociedade" e o "funcionamento normal" do sistema social não sejam ameaçados. As notórias tarefas de "administração da tensão" e "manutenção do padrão", que, segundo Talcott Parsons, todo sistema precisa desempenhar a fim de sobreviver, hoje se resumem quase totalmente em separar de modo estrito o "refugo humano" do restante da sociedade, excluí-lo do arcabouço jurídico em que se conduzem as atividades dos demais e "neutralizá-lo". O "refugo humano" não pode mais ser removido para depósitos de lixo distantes e fixado firmemente fora dos limites da "vida normal". Precisa, assim, ser lacrado em contêineres fechados com rigor.

O sistema penal fornece esses contêineres. No sucinto e preciso resumo de David Garland sobre a transformação atual, as prisões, que, na era da reciclagem, "funcionavam como a extremidade do setor correcional", hoje são "concebidas de modo muito mais explícito como um mecanismo de exclusão e controle". São os muros, e não o que acontece dentro deles, que "agora são vistos como o elemento mais importante e valioso da instituição".[31] Na melhor das hipóteses, a intenção de "reabilitar", "reformar", "reeducar" e devolver a ovelha desgarrada ao rebanho é ocasionalmente louvada da boca para fora – e, quando isso acontece, se contrapõe ao coro raivoso clamando por sangue, com os principais tabloides no papel de maestros e a liderança política fazendo todos os solos. De forma explícita, o principal e talvez único propósito das prisões não é ser apenas um depósito de lixo qualquer, mas o depósito final, definitivo. Uma vez rejeitado, sempre rejeitado. Para um ex-presidiário sob condicional ou *sursis*, retornar à sociedade é quase impossível, mas é quase certo retornar à prisão. Em vez de orientar e facilitar o caminho "de volta à comunidade" para presidiários que cumpriram sua pena, a função dos agentes de condicional é manter a comunidade a salvo do perigo perpétuo temporariamente à solta. "Os interesses dos delinquentes condenados, quando chegam a ser considerados, são vistos como opostos aos interesses do público."[32]

Com efeito, os delinquentes tendem a ser vistos como "intrinsecamente maus e depravados" – "não são como nós". Qualquer semelhança é pura coincidência...

Não pode haver uma inteligibilidade mútua, uma ponte para a compreensão, uma comunicação real entre "nós" e "eles". ...
Quer o caráter do delinquente resulte de maus genes ou de ter sido criado numa cultura antissocial, o resultado é o mesmo – uma pessoa que está além dos limites, além da reforma, fora da comunidade civil. ...
Os que não se ajustam ou não podem ajustar-se devem ser excomungados e expelidos à força.[33]

Em suma, as prisões, como tantas outras instituições sociais, passaram da tarefa de reciclagem para a de depósito de lixo. Foram realocadas para a linha de frente a fim de resolver a crise que atingiu a indústria da remoção do lixo, em consequência do triunfo global da modernidade e da nova plenitude do planeta. Todo lixo é em potencial venenoso – ou pelo menos, definido como lixo, está destinado a ser contagioso e perturbador da ordem adequada das coisas. Se reciclar não é mais lucrativo, e suas chances (ao menos no ambiente atual) não são mais realistas, a maneira certa de lidar com o lixo é acelerar a "biodegradação" e decomposição, ao mesmo tempo isolando-o, do modo mais seguro possível, do hábitat humano comum.

O trabalho, a previdência social e o apoio familiar costumavam ser os meios pelos quais os ex-presidiários eram reintegrados à sociedade estabelecida. Com o declínio desses recursos, a prisão se tornou um encargo de longo prazo do qual os indivíduos têm pouca esperança de retorno a uma liberdade não supervisionada...
A prisão hoje é usada como um tipo de reserva, uma zona de quarentena em que indivíduos supostamente perigosos são segregados em nome da segurança pública.[34]

Construir novas prisões, aumentar o número de delitos puníveis com a perda da liberdade, a política de "tolerância zero" e o estabelecimento de sentenças mais duras e mais longas podem ser medidas mais bem compreendidas como esforços para reconstruir a deficiente e vacilante indústria de remoção do lixo – sobre uma nova base, mais antenada com as novas condições do mundo globalizado.

Existe também outro tipo de refugo ligado ao processo de globalização em sua forma atual: um tipo de refugo cujas origens podem ser encontradas lá atrás, nas condições de "terra de fronteira" da globalização, e que esta, em tal forma, não pode deixar de produzir diariamente no "espaço de fluxos" de Manuel Castells.

Como já se insinuou, nas condições clássicas de "terra de fronteira", os barões do gado e os fora da lei mantinham um acordo tácito: nenhum deles desejava que a anarquia e a lei do mais rápido e do mais esperto e do menos escrupuloso fossem invalidadas e substituídas pelas regras do direito. Ambos prosperavam na ausência de rotina, na fluidez das alianças e linhas de frente, e na fragilidade geral dos compromissos, direitos e obrigações. Tal convergência de interesses não trazia bons augúrios para a segurança pessoal de todos os que estavam dentro das terras de fronteira, quaisquer que fossem as precauções tomadas por moradores ou viajantes para se defender do perigo. Ela fazia da terra de fronteira um lugar de perpétua incerteza e, ao mesmo tempo, imunizava a insegurança contra toda intervenção efetiva. A insegurança não podia ser confrontada em sua fonte. Tal como as coalizões e os campos de batalha, a ansiedade consequente ficava à deriva, incerta de seus alvos e escolhendo-os aleatoriamente. As condições de terra de fronteira encontram sua melhor expressão na metáfora do campo minado de Jurij Lotman, do qual se pode dizer com alto grau de certeza que as explosões ocorrerão lá, mas se pode apenas adivinhar quando e onde.

Na atual versão das condições de terra de fronteira, o lugar dos barões do gado foi ocupado pelas empresas manufatureiras, comerciais e de capital, enquanto os bandidos sem destino, sozinhos ou em gangues, foram substituídos por redes de terroristas e por um número infindável de indivíduos dispersos que veem nos atos por eles perpetrados um arquétipo de suas próprias batalhas privadas contra os dramas sofridos no plano individual, ou apenas um sinal de como até mesmo um infeliz esnobado e rejeitado pode marcar um ponto.

Os atos dos dois principais adversários/parceiros no jogo da terra de fronteira aumentam em muito a produção de refugo humano. Aqueles são mais ativos no ramo do "progresso econômico" da indústria, estes no ramo da "destruição criativa da ordem" – uma versão bastante desregulamentada dos empreendimentos coercitivos com que os Estados modernos costumavam ocupar-se desde o início, mesmo que proclamando o monopólio do processo de projetar e construir a ordem social.

Nenhuma autoridade pode afirmar hoje em dia o controle exclusivo sobre seu território em aparência soberano. Mesmo as fronteiras mais estritamente vigiadas são porosas e se mostram fáceis de penetrar. Graças a uma mídia ávida por notícias chocantes, as poderosas forças reunidas para proteger as fronteiras contra vazamentos e infiltrações (como a visão, bastante divulgada, de tanques no aeroporto de Heathrow) lembram todo dia ao público de que esse esforço é, em última instância, inútil. Ideias diferentes e muitas vezes incompatíveis sobre a ordem correta e adequada das coisas se encontram e colidem dentro de cada território aparentemente soberano, e seus campeões e seu corpo de infantaria competem entre si para fazer com que o mundo se eleve à altura de sua ideia – embora invariavelmente à custa dos moradores transformados nesse processo em acessórios de todo descartáveis na cena de batalha, os "danos colaterais" dos atos de guerra.

Na era da globalização, os "danos" e "baixas colaterais" produzidos pelas inimizades alimentadas de forma contínua, e que por ocasiões irrompem entre as versões líquido-modernas dos barões de gado e dos bandidos a cavalo, aos poucos se transformam nos produtos básicos e mais volumosos da indústria do lixo. Embora se possa (se não na prática, ao menos na teoria) lutar com unhas e dentes contra o veredicto adverso de uma autoridade num julgamento, pelejar para revertê-lo, argumentar para provar uma alegação, apelar a um tribunal superior no caso de o argumento ser rejeitado, tentar provocar a indignação e o protesto público, e – se tudo isso falhar – procurar refúgio escapando ao domínio da soberania do tribunal, nenhum desses expedientes está disponível às vítimas dos "danos colaterais". Não há autoridade a que possam resistir, processar, acusar, nem de que possam pedir compensação. Elas são o refugo da permanente destruição criativa da ordem jurídica, política e ética global.

Em tais circunstâncias, nenhuma linha que separe "o refugo" do "produto útil" tende a se manter incontestada, e nenhuma sentença que condene a viver num depósito de lixo tende a se sustentar por muito tempo sem que haja uma oposição fazendo o possível para derrubá-la e revertê-la. E assim ninguém se sente seguro de verdade em meio aos incontáveis projetos de planejamento e construção. Ninguém pode basear-se num veredicto recente ou vigente hoje, não importa quão poderosa possa ser a autoridade que o emitiu. Ninguém pode garantir que o espectro do depósito de lixo foi exorcizado para sempre e que o perigo de ser rejeitado e destinado ao refugo foi evitado de vez. A impressão geral é de aleatoriedade, contingência imoderada, destino cego – e contra consequências imprevistas, acidentes e *non sequiturs* incontáveis, assim como contra alianças de potências *ad hoc* construídas ou desfeitas por propinas ou chantagem, não existe defesa concebível. É possível evitar ser uma vítima, mas nada pode ser feito para fugir ao destino de ser uma "baixa colateral". Isso acrescenta uma nova e totalmente sinistra dimensão ao espectro de incerteza que paira sobre o mundo reconstruído numa terra de fronteira global.

O "Estado social", esse coroar da longa história da democracia europeia e até há pouco tempo sua forma dominante, hoje recua. Ele baseava sua legitimidade e suas exigências de lealdade e obediência da parte de seus cidadãos na promessa de garanti-los e defendê-los da redundância, exclusão e rejeição, e também dos golpes aleatórios do destino – de estar destinado ao "refugo humano" em razão de inadequações ou desgraças individuais. Em suma, na promessa de inserir convicção e segurança em vidas que, sem isso, são governadas pelo caos e pela contingência. Se indivíduos infelizes tropeçam e caem, haverá alguém por perto pronto a segurar suas mãos e ajudá-los a se erguer outra vez.

Condições de emprego imprevisíveis resultantes da competição de mercado eram então – e continuam sendo – a principal fonte da incerteza quanto ao futuro e da insegurança em relação à posição social e à autoestima que assaltavam os cidadãos. Foi basicamente contra essa incerteza que o Estado *social* procurou proteger seus súditos – tornando os empregos mais seguros e o futuro mais garantido. Pelas razões já discutidas, contudo, já não é esse o caso. O Estado contemporâneo já não pode cumprir a promessa do Estado social e seus políticos não a repetem mais. Em vez disso, seus programas prognosticam um apelo ainda mais precário e arriscado por um monte de malabarismos, ao passo que tornam quase impossíveis os projetos de vida. Eles pedem aos eleitores que sejam mais "flexíveis" (ou seja, que se preparem para ter mais insegurança no futuro) e busquem individualmente suas próprias soluções individuais para problemas socialmente produzidos.

Um imperativo da maior urgência enfrentado por todo governo que preside ao desmantelamento e ao recuo do Estado social é, portanto, a tarefa de encontrar ou construir uma nova "fórmula de legitimação" em que a autoafirmação da autoridade do Estado e a exigência de disciplina se possam basear. Ser abatido como "baixa colateral" do progresso econômico, agora nas mãos de forças econômicas globais livremente flutuantes, não é uma sina que os governos dos Estados possam prometer afugentar com alguma fidedignidade. Mas alimentar os temores provocados pela ameaça à segurança pessoal com conspiradores terroristas caracterizados também pela livre flutuação global, e então prometer mais guardas de segurança, uma rede mais densa de máquinas de raios X e um escopo mais amplo de televisão em circuito fechado, além de novas checagens, outros ataques preventivos e mais prisões para averiguação a fim de proteger essa segurança – esta parece ser uma alternativa vantajosa.

Em contraste com a insegurança demasiado tangível e todo dia vivenciada que os mercados produzem, sem necessidade de ajuda dos poderes políticos senão para serem deixados à vontade, a mentalidade de "fortaleza sitiada" e de corpos individuais e bens privados sob ameaça deve ser ativamente cultivada. As ameaças devem ser pintadas nas cores mais sinistras, de modo que sua *não materialização*, em lugar do advento do pressagiado apocalipse, possa ser apresentada ao público atemorizado como um evento *extraordinário*, e acima de tudo como o resultado das habilidades, da vigilância, da atenção e da boa vontade excepcionais dos órgãos de Estado. Quase diariamente, e pelo menos uma vez por semana, a CIA e o FBI advertem os norte-americanos de iminentes atentados contra sua segurança, lançando-os e mantendo-os num estado de alerta constante, colocando firmemente a segurança individual no foco das tensões mais variadas e difusas – enquanto o presidente dos Estados Unidos relembra a seus eleitores que "bastaria um frasco, uma lata, um caixote introduzido neste país para provocar um dia de horror como nenhum de nós jamais conheceu". Essa estratégia é copiada com avidez, ainda que até agora com um pouco menos de ardor (menos por falta de fundos que de vontade), por outros governos que supervisionam o enterro do Estado social. A nova demanda popular por um poder de Estado vigoroso, capaz de ressuscitar as debilitadas esperanças de proteção contra o confinamento ao lixo, é construída sobre os pilares da vulnerabilidade e da segurança *pessoais*, e não da precariedade e da proteção *sociais*.

Tal como em muitos outros casos, também no desenvolvimento dessa nova fórmula de legitimação, os Estados Unidos desempenham papel pioneiro de estabelecimento de padrões. Pouca gente duvida de que muitos governos que enfrentam a mesma tarefa olham para os Estados Unidos com uma expectativa solidária, encontrando nas políticas norte-americanas um exemplo útil a ser seguido. Por baixo das aparentes e anunciadas diferenças de opinião sobre formas de procedimento, parece haver uma genuína "união de mentes" entre os governos, em tudo irredutível à coincidência momentânea de interesses transitórios – um acordo tácito, não escrito, entre detentores do poder de Estado sobre uma política de legitimação comum. O fato de que isso pode ocorrer é demonstrado pelo zelo com que o primeiro-ministro britânico, observado com crescente interesse por seus colegas europeus, abraça e importa todas as novidades norte-americanas relacionadas à produção de um "Estado de emergência" – tais como trancar os "estrangeiros" (eufemisticamente denominados "pessoas em busca de asilo") em acampamentos, atribuindo às "considerações de segurança" uma prioridade inquestionável sobre os direitos humanos, cancelando ou suspendendo muitos daqueles que têm sido aplicados desde o tempo da Magna Carta e do *habeas corpus*, e adotar uma política de "tolerância zero" em relação a supostos "criminosos familiares", com alertas regularmente repetidos de que em *algum* lugar, em *algum* momento, *alguns* terroristas com certeza atacarão. Somos todos potenciais candidatos ao papel de "baixas colaterais" numa guerra que não declaramos e com a qual não concordamos. Quando avaliados em relação a essa ameaça, impingida como se fosse muito mais imediata e dramática, espera-se que os temores ortodoxos de redundância social sejam reduzidos ou adormecidos.

"Danos colaterais" é um termo que pode ter sido inventado em específico para denotar o refugo humano peculiar às novas condições de terra de fronteira planetária criadas pelo impetuoso e irrestrito impulso à globalização que até hoje resiste de fato a todas as tentativas de domesticação e regulamentação. Os temores relacionados à moderna variedade de produção de lixo parecem sobrepujar as apreensões e ansiedades que ela tradicionalmente evoca. Não admira que sejam empregados com avidez na construção (e também, portanto, nas tentativas de desconstrução) das novas hierarquias de poder de âmbito planetário.

Esses novos tipos de medo também dissolvem a confiança, sustentáculo de todo o convívio humano. Epicuro, o antigo sábio, já observava (em sua carta a Meneceu) que o que nos ajuda "não é tanto [a ação] dos amigos, mas o conhecimento confiante de que eles vão nos ajudar". Sem a confiança, a rede de compromissos humanos se desfaz, tornando o mundo um lugar ainda mais perigoso e assustador. Os temores produzidos pela variedade de lixo da terra de fronteira tendem a se autorreproduzir, autossustentar e autoampliar.

A confiança é substituída pela suspeita universal. Presume-se que todos os vínculos sejam precários, duvidosos, semelhantes a armadilhas e emboscadas – até prova em contrário. Mas, na ausência de confiança, a própria ideia de "prova", para não falar de prova segura e final, está longe de ser clara e convincente. Como seria uma prova fidedigna, confiável de verdade? Você não a reconheceria se a visse. Mesmo se olhasse no rosto, não acreditaria que ela fosse o que afirmava ser. A aceitação da prova, portanto, deve ser adiada de modo indefinido. Os esforços para estabelecer e estreitar os vínculos alinham uma sequência infinita de experimentos. Sendo experimentais, aceitos "na base da tentativa" e eternamente testados, sempre um provisório "vamos esperar para ver como funcionam", não é provável que as alianças, compromissos e vínculos humanos se solidifiquem o suficiente para serem proclamados confiáveis de maneira verdadeira e integral. Nascidos da suspeita, geram suspeita.

Os compromissos (contratos de emprego, acordos de casamento, arranjos para "viver juntos") são assumidos tendo-se em mente uma "opção de cancelamento", sendo considerados mais desejáveis e de maior qualidade segundo a firmeza de suas cláusulas "de desfazimento". Em outras palavras, está claro desde o início que o depósito de lixo será de fato, tal como deveria e como tende a ser, seu derradeiro destino. A partir do momento em que nascem, os compromissos são vistos e tratados como refugo em potencial. A fragilidade (do tipo biodegradável) é, portanto, vista como uma vantagem deles. É fácil esquecer que os compromissos que criam vínculos foram procurados em primeiro lugar, e continuam a ser procurados, para se eliminar aquela desorientadora e aterrorizante fragilidade da existência humana...

Esvaziada da confiança, saturada da suspeita, a vida é assaltada por antinomias e ambiguidades que ela não pode resolver. À espera de ir em frente sob o signo do lixo, ela cai do desapontamento para a frustração, aterrissando a cada vez no próprio ponto de que desejaria escapar quando começou sua jornada exploratória. Uma vida assim vivida deixa atrás de si uma série de relacionamentos frustrados e abandonados – o refugo das condições globais de terra de fronteira, notória por reclassificar a confiança como um signo de ingenuidade e uma armadilha para o inábil e o simplório.

.4.

A cultura do lixo

Na história confusa da produção e remoção do refugo humano, a visão de "eternidade" e seu atual estado de desuso têm desempenhado um papel crucial.

Só a infinitude é total e inclusiva. Infinitude e exclusão são incompatíveis, da mesma forma que infinitude e isenção. Na infinitude do tempo e do espaço, tudo pode – e deve – acontecer. Tem lugar tudo que foi, é e pode ser. Somente a ideia de "falta de espaço" é que não tem espaço na infinitude. A ideia que a infinitude não pode comportar em absoluto é a de redundância – de refugo.

Foi o que Joseph Cartaphilus de Esmirna, herói do conto de Jorge Luis Borges intitulado "O imortal", descobriu na Cidade dos Imortais:

> Ensinada por séculos de vida, a república dos homens imortais havia atingido a perfeição da tolerância, quase desdém. Eles sabiam que, num espaço de tempo infinitamente longo, tudo acontece para todos os homens. Como recompensa por suas virtudes passadas e presentes, todo homem merecia toda gentileza ... O pensamento mais fugaz obedece a um plano invisível, e pode coroar ou inaugurar um projeto secreto ... Ninguém é alguém; um simples mortal é todos os homens.[1]

Na infinitude, nada pode ser desprovido de significado, mesmo que este pareça ilegível e inescrutável aos seres humanos. Pelo seu tempo de vida limitado, eles não têm acesso ao tipo de tempo necessário para decifrá-lo ou para testemunhar sua revelação. Na infinitude, tudo é *reciclado sem parar*, como na ideia hindu de eterno retorno e de reencarnação, ou *existente para sempre*, como na ideia cristã de progresso linear a partir do hábitat terreno da carne mortal até o outro mundo em que moram as almas, onde o verdadeiro significado dos feitos humanos é esquadrinhado, julgado e, por conseguinte, recompensado ou punido. Na infinitude, indivíduos humanos podem desaparecer da vista dos mortais, mas ninguém mergulha irreversivelmente no nada, e todo julgamento, com exceção do último, remoto ao infinito, é prematuro e testemunha de fraude ou de um conceito pecaminoso, se for proclamado o último.

"Infinitude" é um construto abstrato, uma extrapolação mental a partir da experiência do longo prazo – uma extrapolação desencadeada pela incapacitante brevidade da vida corpórea e da exasperadora incompletude dos esforços da vida. A ideia de infinitude representa uma extensão imaginada do presente, em que o sentido de todos os momentos passados, presentes e futuros será revelado, e tudo encontrará seu lugar – todo esforço produzirá seus frutos benignos ou venenosos, os méritos serão recompensados, e os vícios, punidos. Ou, em vez disso, os feitos serão classificados como méritos ou vícios, dependendo de seu resultado ainda desconhecido, ou seja, de suas consequências genuinamente derradeiras e de longo alcance. Como as consequências não são abertas à experiência e não podem ser conhecidas de todo, quando a cadeia de eventos é posta em movimento, aquilo que acontece importa – *deve* importar. Na infinitude, não há nada que aconteça que se possa considerar redundante, ligado ao fluxo de eventos por mero acidente, não necessário, descartável; que não se ajuste ao esquema (incompreensível para você) das coisas e não conte na plenitude do tempo (impenetrável para você). O que quer que fosse, deve ter sido parte do projeto de

Deus e da Divina Cadeia do Ser, estando além do poder humano proclamar veredictos sobre a propriedade e a sensatez de sua presença. O máximo que os seres humanos poderiam fazer seria lutar para penetrar seus desígnios ocultos. No Projeto de Deus, nada pode ser redundante – mesmo que as frágeis mentes humanas pensem que pode, e que a pecadora natureza dos seres humanos os estimule a se comportar como se assim fosse. Na Divina Cadeia do Ser, nada é redundante, não importa o que os seres humanos façam para que assim seja.

É por essa razão – como Hans Jonas afirma com vigor – que "numeramos nossos dias e fazemos com que eles contem".[2] Mas, paradoxo, não é tanto a duração eterna em si, mas a articulação da mortalidade com a imortalidade dos indivíduos humanos, com a brevidade da existência individual, que impregna cada dia de significado. "Quanto a cada um de nós, o conhecimento de que só estamos aqui por um breve período, e de que se estabeleceu um limite inegociável para o nosso tempo esperado, pode até ser necessário como incentivo para numerar nossos dias e fazê-los contar" – para imbuirmos de significado duradouro tudo que fazemos e procurarmos um significado mais profundo em tudo que acontece.

O humilhante e doloroso choque entre a presença individual na Terra, limitada de modo severo, e a imperturbável solidez do mundo tem sido parte integrante da experiência humana desde os primórdios da história. Até a aurora da modernidade, a vida era um confronto diário entre a transitoriedade da primeira e a permanência da segunda, e uma recitação diária da insuperável incomensurabilidade entre ambas. Na aposta pela permanência, todas as chances estão do lado do mundo, destinado a sobreviver a todos os indivíduos humanos agora vivos.

Enquanto perdurou esse estado de coisas, a ideia de infinitude estava segura, da mesma forma que seu poder legislativo e executivo, capaz de conferir significado sobre a vida humana na Terra. Sua segurança começou a ser corroída quando os seres humanos se puseram a "derreter tudo que é sólido" e a "profanar tudo que é sagrado" (estas, por sua vez, não passam de duas maneiras de expressar a mesma atitude e a mesma ação). Essa segurança se esfacelou quando, na fase "líquida" da era moderna, as vantagens no jogo da sobrevivência passaram do mundo "lá fora" para a vida individual – agora uma entidade cuja expectativa de vida é maior que a de qualquer elemento de seu ambiente existencial, e a única cuja longevidade *aumenta*.

Se a vida pré-moderna era uma recitação diária da duração infinita de todas as coisas, com exceção da existência mortal, a vida líquido-moderna é uma recitação diária da transitoriedade universal. Nada no mundo se destina a permanecer, muito menos para sempre. Os objetos úteis e indispensáveis de hoje são, com pouquíssimas exceções, o refugo de amanhã. Nada é necessário de fato, nada é insubstituível. Tudo nasce com a marca da morte iminente, tudo deixa a linha de produção com um "prazo de validade" afixado. As construções não têm início sem que as permissões de demolição (se exigidas) tenham sido emitidas, e os contratos não são assinados a menos que se fixe a sua duração ou que se permita serem anulados, dependendo de sua sorte no futuro. Nenhum passo e nenhuma escolha é de uma vez para sempre, irrevogável. Nenhum compromisso dura o bastante para alcançar o ponto sem retorno. Todas as coisas, nascidas ou feitas, humanas ou não, são até segunda ordem e dispensáveis. Um espectro paira sobre os habitantes do mundo líquido-moderno e todos os seus esforços e criações: o espectro da redundância.

A modernidade líquida é uma civilização do excesso, da superfluidade, do refugo e de sua remoção.

Digressão: *Cultura e eternidade.* Nós, seres humanos, sabemos que somos mortais – destinados a morrer. É difícil conviver com esse conhecimento. Na verdade, tal convivência seria impossível não fosse pela cultura. Esta, a grande invenção humana (talvez a maior de todas – uma metainvenção, uma invenção que coloca em ação a inventividade e torna possíveis todas as outras invenções), é um mecanismo destinado a tornar o tipo de existência humana, aquele que acarreta necessariamente o conhecimento da mortalidade, suportável – em desafio à lógica e à razão. Por todos os padrões concebíveis, essa não é uma realização medíocre em si mesma. Mas a cultura vai além: de alguma forma, consegue *transformar o horror da morte numa força motora da vida*. Constrói a *expressividade* da vida a partir do *despropósito* da morte. "A sociedade em toda parte é", como aponta Ernest Becker, "um mito vivo sobre o significado da existência humana, uma desafiadora criação de significado".[3] Pelo menos é isso que as "sociedades em toda parte" costumavam fazer, embora o modo de fazê-lo variasse de um lugar para outro e de uma época para outra, com impactos muito diferentes sobre a forma e o estilo da existência humana.

O que todas essas formas e estilos tinham em comum era o fato de criarem e sancionarem alguma receita para a transcendência da mortalidade. De fato, é isso que Becker tem em mente quando diz que "a sociedade é um *hero system* codificado" – que ela se destina a servir de "veículo para o heroísmo terreno", visando induzir "à esperança e à crença ... de que as coisas que o homem cria em sociedade têm valor e significado permanentes, que elas sobrevivem à morte e à decadência e as superam em brilho, que o homem e seus produtos contam".[4]

Permitam-me comentar desde já, contudo, que o termo "heroísmo" pode induzir a erro. Aceitar desde logo a oferta, engolir a dose recomendada do remédio prescrito e ao mesmo tempo manter-se na linha e seguir com fidelidade as rotinas que prometem levar daqui à eternidade não exige o tipo de coragem nem a disposição para o autossacrifício que tendemos a associar com a ideia de atos heroicos. Na melhor das hipóteses, a pressa em superar o brilho da morte com a ajuda de recursos cujo poder de fazê-lo foi assegurado pela sociedade é uma mágica engenhosa equivalente à façanha do alquimista: garantir a permanência, talvez eterna, utilizando matéria-prima frágil demais e poderes evidentemente transitórios. É, sem dúvida, uma realização importante, extraordinária, assustadora, de uma magnitude que pode justificar, em retrospecto, a reivindicação ao título de herói. Esse título, porém, só faz sentido como um privilégio oferecido a poucos escolhidos. Já o problema de a sociedade ser um *hero system*, pelo contrário, consiste no fato de que as formas e os meios para tal realização são colocados à disposição de pessoas comuns – que carecem dos talentos e da bravura raros e refinados do diminuto grupo de guerreiros galantes para os quais a ideia de "heroísmo", em seu sentido original, foi reservada. O estratagema não funcionaria, a sociedade dificilmente se tornaria um *"hero system"*, a menos que *"todos* pudessem fazê-lo". Falando com clareza, a expressão *hero system* é um paradoxo.

Mesmo que se oferecessem a diferentes tipos de pessoas diferentes veículos destinados a transportá-las para a eternidade, a divisão crucial entre tais veículos é, podemos dizer, a mesma que existe entre carros particulares e ônibus públicos. A afirmação de Becker precisa de uma correção. *A sociedade, e a cultura que faz da sociedade humana um sistema, é um mecanismo que permite a* realização do feito heroico, de modo cotidiano e trivial, por seres humanos comuns, não heroicos.

Existem, de fato, dois estratagemas da cultura que tornam suportável o convívio com o conhecimento da inevitabilidade da morte – e não um.

O mais comum não exige qualquer tipo de heroísmo, estrita ou amplamente compreendido. Com efeito, a função desse estratagema é abolir, ou pelo menos suspender, a própria necessidade de ser heroico – deixando pouco espaço para os tipos de situações capazes de forçar a inclusão do tema da transcendência na agenda da vida. Como Blaise Pascal observou há muito tempo: "Sendo incapazes de curar a morte, ... os homens resolveram, a fim de serem felizes, ... não pensar nessas coisas." De fato, acrescenta Pascal, "é mais fácil suportar a morte quando não se pensa nela do que a ideia de morte quando não há perigo" – a implicação disso consiste em que os perigos reais tomam conta da mente, drenam as emoções e exaurem totalmente a energia para a ação, de modo que, no momento do perigo, é menos provável que se reflita sobre a morte que na hora do lazer. Outros passatempos, menos desafiadores e arriscados que rechaçar ameaças mortais, embora não menos absorventes, são praticados socialmente com efeito muito similar: expulsar a reflexão sobre a morte por meio das atividades de nosso dia a dia. Essas são, na opinião de Pascal, atividades *diversionistas*, que preenchem todo o tempo disponível, sem deixar um momento vazio e ocioso que permita que os pensamentos vaguem sem destino, pois do contrário eles poderiam concentrar-se na futilidade definitiva das preocupações existenciais, por suposição importantes e absorventes, já que consomem tempo e energia. "O que as pessoas desejam não é a vida fácil e pacífica que nos permite pensar sobre nossa condição infeliz, ... mas a agitação que conduz nossa mente para longe e nos distrai."[5] Essa preferência nos faz colocar a caçada acima da captura: "A lebre em si não nos livraria do pensamento sobre a morte, ... mas caçá-la, sim" (ou, conforme o adágio de Robert Louis Stevenson, viajar com esperança é melhor que chegar). Uma lebre morta pode estar no fim da lista de prioridades do caçador, mas a caçada está no topo, e ali deve permanecer, já que, por mais fútil que possa ser em si mesma, sua futilidade é indispensável para encobrir aquela outra futilidade que importa de verdade.

Max Scheler observou as consequências da ampla aplicação do "estratagema diversionista". Ao contrário de Pascal, porém, Scheler via a fuga pelo diversionismo como um evento na história, e não como um eterno apuro humano: um resultado da moderna revolução no modo de ser. Ele deplorava essa novidade como um perigo mortal para a necessidade humana de transcendência.

A morte foi afastada para longe da vista dos homens e mulheres contemporâneos, "não é mais visível". Esse "não-ser da morte" se tornou, na opinião de Scheler, a "ilusão negativa do tipo moderno de consciência".[6] Não constituindo mais uma parte do destino humano que mereça ser encarada em toda sua majestade e devidamente respeitada, a morte foi rebaixada à condição de catástrofe deplorável, como um tiro de pistola ou um tijolo que cai de um telhado. Com o horizonte da mortalidade fora de sua vista, e não mais orientando os projetos a longo prazo, ou regulando as ações cotidianas, a vida perdeu sua coesão interna. Ela é vivida de um dia para o outro "até que, por curiosa coincidência, não há dia seguinte". Mas quando o *medo da morte* recua ou desaparece da vida diária, ele deixa de trazer atrás de si a desejada quietude espiritual. É desde logo substituído pelo *medo da vida*. O outro medo, por sua vez, instiga uma "abordagem calculista da vida", que se alimenta de uma insaciável sede de bens eternamente novos e do culto do "progresso" – em si mesmo uma ideia sem sentido, destituída de propósito. "Progredir" – e aqui Scheler cita o memorável veredicto de Werner Sombart – é seu único sentido prático.

A incansável depreciação do "longo prazo" como tal é um denominador comum das qualidades já perdidas, ou sinistramente escassas e ameaçadas de extinção: as qualidades das coisas e dos estados que são sólidos, duráveis, permanentes e, em última instância, da *eternidade*, da qual todos esses fenômenos eram somente aproximações imperfeitas, embora ansiadas e desejadas... A eternidade, somos tentados a dizer, já teve seu momento. Um momento muito longo, na verdade – que durou vários anos, séculos, milênios. A eternidade afigurou-se, desde os primórdios da humanidade, um guia/companhia humano digno de confiança. Parece, contudo, que os caminhos da eternidade e da humanidade se separaram, ou estão para se separar. Homens e mulheres precisam agora percorrer a estrada que leva da infância à senilidade sem terem noção do sentido de sua jornada nem confiança na significação de tudo isso.

A eternidade era um dos poucos universais genuínos da cultura. Para a mente sóbria, logicamente treinada, isso pode parecer estranho, pelo menos à primeira vista. Com efeito, é preciso muita imaginação até mesmo para *conceber* a "eterna permanência", enquanto *visualizá-la* desafia o poder dos sentidos humanos. Não existe forma de extrair a "eternidade" do "interior" da experiência humana. Ela não pode ser vista, tocada, ouvida, cheirada ou saboreada. No entanto seria inútil procurar uma população humana que não considerasse a eternidade quase autoevidente. A consciência da eternidade (deveríamos dizer a crença nela) pode mesmo ser considerada um dos traços definidores da humanidade.

A solução desse paradoxo parece estar em outro universal: a linguagem. Ou antes, em outro paradoxo, associado de modo inextricável à posse da linguagem.

Pelo fato de nós, seres humanos, termos linguagem, não podemos evitar a consciência de que todas as criaturas vivas são mortais, da mesma forma que cada um de nós. Nós (mais objetivamente: *eu*) vamos morrer, tal como todas as pessoas que conhecemos ou de que ouvimos falar, todos aqueles homens e mulheres com cujas vidas as nossas são interligadas. No entanto, pela mesma razão, nenhum de nós está preso à realidade imediata da experiência. A linguagem pode nos informar como as *coisas* são, mas também é uma faca que nos corta, a nós, ao mesmo tempo produtores, usuários e criaturas das palavras, livres das coisas como elas são e da proximidade de sua presença. Usando palavras como fios, podemos tecer telas que não representem realidade alguma experimentada por nós (ou, nesse sentido, por qualquer outro usuário da linguagem). A veracidade e a credibilidade dessas telas "não representacionais" não diferem muito das do resto. E assim, por cortesia da linguagem, podemos "experimentar" por procuração um mundo do qual nós, de quem esse mundo é, fomos removidos: um mundo que *não nos contém*, o mundo como ele poderia ser quando *não mais existirmos*. Um mundo assim é assustador. Ele reduz e difama tudo que fazemos ou podemos fazer enquanto ainda somos parte dele. A recusa inapelável da admissão a esse mundo é a mais dolorosa de todas as rejeições humilhantes e que inferiorizam – talvez mesmo o arquétipo que transforma a rejeição, a bola preta, a lista negra, a reprimenda, o banimento e o ostracismo, suas pálidas cópias, nos atos de suprema crueldade que são.

Na farmácia da linguagem, contudo, o pote de veneno tende a vir acompanhado do antídoto. No caso que examinamos, a dor da transitoriedade vem acompanhada da sugestão de duração eterna. A finitude é embrulhada lado a lado com a infinitude, a brevidade com a eternidade, a mortalidade com a vida após a morte.

Como diz George Steiner,

> ... é porque podemos contar histórias, fictícias ou matemático-cosmológicas, sobre o universo daqui a bilhões de anos; é porque podemos ... conceituar a segunda-feira de manhã depois de nossa cremação; é porque "se" as frases ... podem, pronunciadas à vontade, negar, reconstruir, alterar o passado, o presente e o futuro, mapeando de outra maneira os determinantes da realidade pragmática, que continua valendo a pena experimentar a existência. A esperança é uma gramática.[7]

Esse fato não é, se apressa Steiner em acrescentar, uma espécie de milagre. Basta pensar no "futuro do 'é', do 'pode ser' e do 'será', cujas articulações geram os respiradouros do medo e da esperança, da renovação e da inovação que constituem a cartografia do desconhecido". A surpresa sentida diante das estupendas e atemorizantes realizações da inventividade humana dificilmente poderia ser considerada surpreendente em si mesma; o pacote é na verdade impressionante. Adquirir a futilidade junto com o mérito, o absurdo com a consciência, o medo com a esperança talvez tenha sido a melhor barganha que a humanidade já realizou.

A invenção da eternidade é de fato uma mágica da linguagem. É uma invenção curiosa e extraordinária – e no entanto inevitável, algo que não poderia *deixar de ser* inventado. Inconcebível seria uma espécie semelhante à humana, dotada de linguagem, que deixasse de inventar a eternidade – inconcebível pela simples razão de ser capaz de permanecer inconsciente de sua própria mortalidade. Mas, em sua forma prístina, crua, não preparada, a visão da eternidade só poderia contribuir para o desespero causado pela certeza da morte. Para embrulhar o medo e a esperança no mesmo pacote, era necessário um fio, uma liga, uma dobradiça – a unir uma vida destinada a terminar e, logo, a um mundo destinado a permanecer eternamente.

Ivan, o mais "intelectualizado" dos irmãos Karamazov, de Dostoievski, sabia como é difícil viver com uma consciência da eternidade, mas não menos difícil é ser um ser humano sem ela... Segundo outro personagem altamente instruído do mesmo romance, Rakitin, Ivan assegurava que o amor era contra a Natureza, e se ele tinha acontecido e continuava acontecendo entre as pessoas, era somente graças à crença que estas tinham em sua própria imortalidade.[8] Quando perdem essa fé, "não apenas o amor se esvai, mas todo aquele *élan* vital que as estimula a permanecerem vivas. Além do mais, nada então será imoral, tudo será permitido, inclusive o canibalismo..." Deixe de acreditar em Deus e na imortalidade, substitua a fé pela razão – e o egoísmo se tornará a única norma sensata. "Sem imortalidade não há bondade", admite Ivan quando forçado a revelar suas convicções.

Sobre o próprio Rakitin, Dimitri, irmão de Ivan, relata que, em sua opinião, "ao sábio tudo se permite". "Química, irmão, química. Nada fazendo, Sua Alteza [Deus] posta de lado, a química vai em frente."

Quando todos os seres humanos se livrarem de Deus e da eternidade (como deverá acontecer, com a lógica impiedosa de sucessivas camadas geológicas), o homem irá se concentrar em "obter da vida tudo que ela pode dar, em nome da felicidade e da alegria, mas apenas neste mundo, aqui e agora". Então os seres humanos se tornarão eles próprios "como deuses", imbuídos do espírito e da "titânica presunção" divinos. O conhecimento de que a vida não passa de um instante fugidio, de que não há uma segunda chance, mudará a natureza do amor. O amor não terá um tempo para habitar. O que ele perder em duração vai ganhar em intensidade. Vai arder mais, de modo mais fascinante que nunca, consciente de que está destinado a ser vivido e usado num único momento e até o fim, em vez de se espalhar de maneira tênue e insípida, como antes, pela eternidade e pela vida imortal da alma...

Isso é, observemos, Satã recomendando a mudança ao visitar Ivan em seu pesadelo.

Pesadelo? Por que pesadelo? Porque milênios serão necessários para que toda a humanidade abra os olhos e atinja a sagacidade até agora exclusiva de Satã e dos poucos esclarecidos... Enquanto o restante da humanidade prosseguirá chafurdando nas suas superstições e tropeçando pelos corredores escuros da eternidade, os poucos iluminados se tornarão deuses – não como deuses *imortais* entre os mortais, mas como deuses *livres* num mundo de escravos. Pois "não existe lei para Deus! Onde Deus está, lá é o lugar de Deus! Onde eu estiver, aquele será o primeiro lugar ... 'Tudo passa' – e é isso!"

Talvez haja um paraíso de amor apaixonado à espera no fim do caminho que conduz à sabedoria da razão. Mas percorrer esse caminho pode levar milênios. Enquanto isso, ao trilhá-lo, quilômetro por quilômetro – o inferno. Será que o inferno pode ser o caminho para o paraíso? E será que o paraíso vale milênios de inferno?

São questões desse tipo que homens sábios como Ivan Karamazov ou Rakitin (ou, com efeito, como Satã) fazem e que os atormentam. Na tradição judaica, porém, em algum ponto da história, terminou a era das profecias e, portanto, a época em que Deus fala com os homens. (No limiar da Idade Moderna, Pascal redescobriria esse término em sua ideia do *Deus absconditus*. Quando a autoridade da Igreja como mediadora coletiva entre Deus e os seres humanos começou a se desvanecer, estes últimos descobriram que não havia resposta a seus chamados e nenhuma voz audível do outro lado da linha.) Como afirma Larry Jay Young, "Deus resolveu fechar um canal de comunicação antes aberto. Ninguém entendeu por quê." Teria Ele se sentido ofendido, desencantado e repelido por sua insubordinada, teimosa e travessa criação? Ou teria Ele desejado testá-la, ver como as criaturas humanas estavam bem (ou mal) instruídas e poderiam enfrentar as tentações, o caráter repulsivo do mundo em que Ele as lançou? Ou talvez o fato de a linha direta ter sido fechada fosse apenas

> ... a forma de Deus nos dizer que não mais precisamos Dele pairando à nossa volta e criticando cada movimento nosso ... Deus deve crer que somos capazes de nos mantermos de pé com as próprias pernas, e de fazermos justiça uns aos outros, assim como ao mundo que foi deixado aos nossos cuidados. A única questão que resta é se os seres humanos podem ou não se provar merecedores da confiança divina.[9]

O derradeiro significado do "fim da era das profecias" é que nós, seres humanos, estamos condenados a optar, e fazemos uma opção sem ter certeza de que no final ela será correta, e uma escolha que, não obstante, deve ser feita vezes e vezes sem conta, já que não há uma indicação de como (e se!) o curso da incerteza pode ser riscado. Abandonado pela ordem peremptória "sem margem a dúvidas" e que "não pode ser desobedecida", penando sob a crueldade do veredicto e a resultante enormidade de sua tarefa, os seres humanos chamaram de "Paraíso" aquela condição serena e descuidada de não precisar escolher e de estar livre da advertência de que os atos devem ser bons *ou* maus.

Foi na aurora da modernidade que se descobriu o *Deus absconditus*. E foi na aurora da modernidade que se descobriu a cultura, assim como o fato de que ela tinha se escondido por trás do Deus falante. Cabia agora à cultura, produzida e em produção pelos seres humanos, assumir a tarefa de ligar a vida mortal com a eternidade do mundo e destilar (como diria Baudelaire) migalhas de solidez e permanência a partir do fluxo impetuoso de realizações humanas transitórias.

Hoje em dia, toda espera, toda procrastinação, todo atraso se transforma em estigma de inferioridade.

O drama da hierarquia de poder é todos os dias remontado (com as secretárias e os assessores pessoais, porém, com mais frequência, com os guardas de segurança, colocados no papel de diretores de palco) em inumeráveis saguões e salas de espera, onde algumas pessoas (inferiores) são orientadas a "sentarse" e ficar à espera até que outras (superiores) estejam "livres para atendê-las". O crachá do privilégio (comprovadamente, um dos fatores estratificantes mais poderosos) é o acesso aos atalhos, aos meios de tornar instantânea a gratificação. A posição na hierarquia é avaliada pela habilidade (ou inaptidão) em reduzir ou eliminar de todo o lapso de tempo que separa um desejo de sua realização. Subir na hierarquia social é avaliado pelo aumento da capacidade de ter o que se deseja (o que quer que seja) *agora* – sem atraso.

Vamos recordar: a "eternidade" é um trabalho da imaginação. Esse trabalho começa com a experiência do "longo prazo" – de um longo, longo prazo à frente, cujo fim não está à vista; de coisas e pessoas que estão e permanecem por perto, com pouca inclinação para se desintegrarem ou desaparecerem. Esse trabalho começa em tal experiência: na experiência interminável, monotonamente repetida, de que "isso (ela/ele) está sempre lá", "isso (ela/ele) não irá embora". É de uma experiência como essa de rostos e lugares, rotinas e rituais, paisagens e sons que são familiares, continuam familiares e se espera que assim permaneçam, tal como são neste momento, que se forma a ideia de "eternidade". Mas pouco dessa experiência restou agora – nas areias movediças de paisagens multiformes, caleidoscópicas. Pouco restou por perto, dentro do *Lebenswelt* de cada um, que possa ser considerado "fidedigno", muito menos "sólido como rocha".

Uma amiga que vive num dos países da União Europeia, pessoa muito inteligente e instruída, criativa, que domina diversos idiomas e que passaria com brilhantismo na maioria dos testes e entrevistas de emprego, queixou-se numa carta do fato de "o mercado de trabalho ser delicado como a gaze e quebradiço como a porcelana". Por dois anos ela trabalhou, com a plena medida dos usuais altos e baixos dos sucessos do mercado, como tradutora e assessora jurídica *freelance*. Mãe solteira, desejava uma renda mais regular e optou por um emprego fixo com salário mensal. Trabalhou por um ano e meio para uma empresa ensinando empresários iniciantes a lidarem com as complexidades do direito de Estado e da União Europeia, mas, com a demora em chegarem novos negócios, a empresa não tardou em ir à bancarrota. Durante mais um ano e meio ela trabalhou para o Ministério da Agricultura, chefiando uma seção dedicada ao desenvolvimento de contatos com os países bálticos recém-independentes. Depois da eleição seguinte, a nova coalizão governamental decidiu passar essa preocupação para a iniciativa privada e pôs fim ao departamento. O próximo emprego durou apenas um semestre: o Conselho de Estado para a Igualdade Étnica seguiu o padrão dos cortes governamentais e a declarou redundante.

Menos de vinte anos atrás, a história espetacular da surpreendente ascensão e queda da gigantesca Enron foi bem documentada. Dirigida por seus novos administradores (primeiro Kenneth Lay, depois Jeffrey Skilling), ela passou da noite para o dia de firma provinciana pouco ousada, que se dedicava ao fornecimento de gás, para uma sucessão de êxitos estupendos, e foi universalmente louvada por grandes economistas e especialistas em finanças por sua insaciável fome de crescimento econômico ("Lay e Skilling foram apresentados como heróis da desregulamentação, apóstolos do livre mercado", e admirados pela rapidez com que adotaram a "cruel filosofia do nade ou afunde", como Conal Walsh resumiu a opinião predominante na época).[10] Isso para logo depois ela ser, de modo igualmente unânime, execrada e repudiada pelas mesmas autoridades. Muito menos discutido (por ser menos singular e sensacional, mas muito mais comum) foi o impacto da política de desregulamentação de Ronald Reagan (na qual "a Enron viu e aproveitou sua oportunidade") sobre a sorte, a moral, as visões de mundo e as estratégias existenciais das multidões de empregados da Enron, contratados e logo depois demitidos. Os candidatos a empregos "eram submetidos a um rigoroso processo seletivo e tinham de demonstrar um forte sentido de urgência em tudo que faziam". De fato – em *tudo*. Não se tratava de um teste único – a vida na Enron era um teste diário, uma pressão interminável. Sem créditos acumulados, a memória do sucesso mais impressionante dificilmente sobreviveria à manhã seguinte, a menos que o "leão morto" ontem fosse seguido de outro, ainda maior. "Duas vezes por ano, 15% da força de trabalho era ritualmente despedida para ser substituída por recém-chegados. E outros 30% eram aconselhados a melhorar." A dedicação dos empregados, "antigos" e novos em folha, tinha de ser absoluta – mas se inclinava a ter vida curta. A Enron não era um diagrama em que se pudessem elaborar planos para toda a vida, apenas um acampamento com tendas portáteis fáceis de carregar e mais ainda de dobrar. A vida na empresa pairava sempre à beira da redundância e parecia um exercício diário de remoção de lixo. A vez de cada um ser removido nunca estava distante, de modo que, quando isso acontecia, podia ser saudado, na maioria dos casos, como um bem-vindo alívio da tensão, e não como um golpe aleatório do destino. "A cultura organizacional de cortar gargantas adotada pela empresa ... destruía a moral e a coesão interna" dos empregados. Também minava seu poder de resistirem à expectativa de se destinarem ao refugo, assim como ao estado de coisas que tornava real essa expectativa. A única herança permanente que tais empregados levarão para casa quando chegar a hora de limpar as escrivaninhas, como ocorrerá mais cedo do que tarde, é o conhecimento sensato, mas sem dúvida útil, de como é fina e frágil a linha que separa o lugar de poder da pilha de lixo, o momento de glória da derrota humilhante, o crachá honroso do estigma da desgraça, e o abraço caloroso da rejeição fria.

Na verdade, eles tendem a levar algo mais consigo: duas importantes lições que aprenderam.

Lição número 1: os dias importam tanto quanto e nada mais que a satisfação que se pode extrair deles. O prêmio que você pode esperar, de forma realística, e trabalhar por obter é um *hoje diferente*, não um *amanhã melhor*. O futuro está além do seu alcance (e, nesse sentido, do alcance de qualquer um), de modo que você deve parar de ficar olhando para o pote de ouro no fim do arco-íris. Preocupações de "longo prazo" são para os crédulos e imprevidentes. Como dizem os franceses: *le temps passe vite, il faut profiter la vie*... De modo que trate de aproveitar ao máximo os intervalos entre as viagens às pilhas de lixo.

Lição número 2: não importa o que você faça, mantenha suas opções abertas. Juras de lealdade são para os mesmos caras infelizes que se preocupam com o "longo prazo". Não se comprometa por mais tempo que o absolutamente necessário. Mantenha seus engajamentos frágeis e superficiais, de modo que possam ser desfeitos sem feridas nem cicatrizes. Lealdade e compromissos, como todas as outras utilidades, têm datas de "vencimento". Não os mantenha por um minuto a mais.

A experiência dos homens e mulheres da Enron pode não ter sido tão singular quanto sugeriu a publicidade que se seguiu a seu fim abrupto: se o fosse, os institutos de pesquisa de todo o mundo abastado não estariam tão atarefados (segundo recente reportagem do *Village Voice*)[11] na busca de um remédio capaz de curar ou aliviar a "desordem de estresse pós-traumático" (DEPT) – deve haver um mercado mais amplo à espera dessa invenção. Na Escola de Medicina Ponce, em Porto Rico, alguns cientistas tentam ajudar o cérebro a "desaprender" o medo e as inibições; na Universidade Harvard, experimentam o uso de pílulas de propranolol como forma de "cortar os efeitos do trauma pela raiz". Pesquisadores da Universidade da Califórnia, em Irvine, já obtiveram êxito em inibir em ratos reações hormonais ao medo – "suavizando a formação das memórias e as emoções que elas evocam". O que virá em seguida? Uma possibilidade é um soldado provocar "chamas e gritos ensurdecedores, explosões formidáveis, uma atmosfera inesquecivelmente causticante", caminhar por um terreno "repleto dos corpos dilacerados de mulheres e crianças" e depois correr "de volta para começar a engolir pílulas que podem, no curso de duas semanas, imunizá-lo contra toda uma vida de remorso esmagador". E assim o soldado estaria pronto a começar tudo outra vez. Embora os pesquisadores se mantenham estritamente neutros sobre as causas da DEPT, eles defendem a moralidade de suas pesquisas e dos resultados esperados – os remédios salvarão os responsáveis pelos "leões abatidos" (sejam eles soldados ou empresários da Enron) do trauma que os condenaria ao depósito de lixo. As objeções indicam que isso só tornará muito mais fácil e mais barata – e portanto mais tentadora – a prática de confinar seres humanos à condição de refugo, assim como sua rápida e radical remoção. A resposta provável a isso seria que o trabalho dos pesquisadores é "prevenir o aparecimento de uma doença, e não mudar as condições sociais que a provocam".

Entrevistada por Oliver Burkman, do jornal *Guardian*, uma jovem inglesa de 18 anos declarou que seu pai, um professor, era para ela um anti-herói: "Não quero olhar para trás na vida e perceber que consegui um emprego só porque era seguro e permaneci nele para sempre."[12] Pais que se agarraram ao emprego por toda a vida (se é que ainda existem pais desse tipo) são vistos por sua prole como um alerta e um freio: essa é a espécie de vida que devemos fazer o possível para evitar. Enquanto isso, um padeiro de Nova York mostrava a Richard Sennett, em tom queixoso, o lado dos pais nesse conflito de valores: "Você não pode imaginar como me sinto estúpido quando falo com meus filhos sobre compromisso. É uma virtude abstrata para eles, não veem isso em lugar nenhum."[13] Na verdade, existem poucas evidências convincentes das bênçãos do compromisso que pudessem ser recolhidas das biografias dos pais. Eles podem ter tentado comprometer-se com algo mais sólido e durável que si próprios – uma vocação, uma causa, um emprego –, apenas para descobrir que havia poucos interessados, se é que havia algum, em aceitar sua oferta de compromisso vitalício.

Correr atrás das coisas e capturá-las em pleno voo, ainda frescas e cheirosas – isso é *in*. Adiar, escolher o que já está lá, é *out*. Os adjetivos também se aplicam aos seguidores dessas estratégias opostas. O professor John Kotter, da Harvard Business School, aconselha seus leitores que evitem se envolver num emprego a longo prazo do tipo "trajeto para um cargo". Com efeito, desenvolver lealdade institucional e absorver-se demais num emprego qualquer por muito tempo é desaconselhado quando "conceitos empresariais, projetos de produtos, inteligência competitiva, equipamentos de capital e *todas as espécies de conhecimento* têm tempos de vida confiáveis mais curtos" (grifos meus).[14]

A descoberta de Benjamin Franklin de que "tempo é dinheiro" é um louvor ao tempo: o tempo é um valor, é importante, algo a ser valorizado e cuidado, tal como o são o capital e os investimentos. A "síndrome da impaciência" contemporânea transmite uma mensagem oposta: o tempo é um enfado e uma faina, uma afronta e um desafio aos direitos humanos, nenhum dos quais deve ou precisa ser sofrido com satisfação. O tempo é um ladrão. Concorde em esperar, retardar as recompensas devidas por sua paciência – e lhe será roubada a chance de ter alegrias e prazeres que de hábito aparecem uma vez para nunca mais voltar. A passagem do tempo deve ser registrada na coluna do débito dos projetos de vida humanos. Ela traz perdas, não ganhos. Acarreta a perda de oportunidades que deveriam ter sido aproveitadas e consumidas quando se apresentaram.

Esperar é uma vergonha, e a vergonha de esperar recai sobre aquele que espera. A espera é algo de que se deve envergonhar porque pode ser observada e tomada como prova de indolência ou baixo status, vista como sintoma de rejeição e sinal de exclusão. A suspeita de que não se é muito procurado, intuição que nunca está longe demais do nível da consciência, agora emerge à superfície e provoca inúmeras ruminações. Por que devo esperar por aquilo que desejo/anseio? Meus desejos importam tanto quanto merecem? São tão respeitados quanto deveriam? Serei realmente necessário e bem-vindo? Ou estarei sendo ofendido? Se for isso, será que a ofensa é uma indicação de que já estou a caminho da rua? Serei eu o próximo da lista de redundantes, preparada em segredo pelos que me fazem esperar?

Este é o maior dos círculos viciosos. O ritmo vertiginoso da mudança desvaloriza tudo que possa ser desejável e desejado hoje, assinalando-o desde o início como o lixo de amanhã, enquanto o medo do próprio desgaste que emerge da experiência existencial do ritmo estonteante da mudança instiga os desejos a serem mais ávidos, e a mudança, mais rapidamente desejada...

"A dívida torna-se a norma das classes médias" – concluem os autores de um estudo iniciado e supervisionado por Lucy Purdy, da Publicis.[15] Esperava-se que mais de 1,7 bilhão de libras gastas com cartões de crédito no Natal de 2002 não fossem pagas até o fim de janeiro de 2003, aumentando ainda mais o já inédito fardo da dívida. Como nos informa Frances Walker, do Serviço de Aconselhamento do Crédito ao Consumidor, o cliente/paciente médio em busca de ajuda deve hoje cerca de 24 mil libras – 5% mais que no ano passado. Os consumidores britânicos, tal como os políticos, parecem seguir um caminho em que os norte-americanos foram pioneiros: o total de débito dos consumidores dos Estados Unidos cresceu de 200 bilhões de dólares em 1964 para 7,2 trilhões em 2002; no fim deste ano, ele atingia 40% da renda per capita total.[16]

Três de cada cinco pessoas entrevistadas pelos pesquisadores da Publicis admitiram que ficaram devendo por terem comprado coisas de que depois se arrependeram; um em cada três admitiu comprar coisas acima de suas posses. Achavam impossível resistir à tentação. Os autores do relatório advertem essas vítimas do desejo: "Se você não pode resistir a uma liquidação, convença-se antecipadamente a ficar apenas 15 ou 30 minutos." Em outras palavras, corte o tempo de reflexão em fatias cada vez mais finas. Quanto mais tempo gastar ponderando suas decisões, maior será o risco. A cura para o veneno do "curto-prazismo" na busca do prazer é um prazo mais curto ainda...

Os autores do relatório citam o credo exposto por um designer de 29 anos da cidade de Leeds: "Acredito em viver o momento. Penso que, se desejo alguma coisa agora, não vou ficar economizando durante um ano: uso um cartão de crédito ... Em vez de ficar em casa cobiçando alguma coisa, compro a crédito." E também a admissão sensata e honesta de um funcionário público de

28 anos da cidade de Winchester: "Você pega seu primeiro cartão e estoura o crédito. Depois pega outro para pagar o primeiro. Depois de um tempo fica parecendo o dinheiro daquele jogo Banco Imobiliário. Você começa a pensar: 'Já devo 20 mil libras, que mal faz gastar mais 200?'" E outra admissão resignada: "Se você vivesse de acordo com seus recursos, nunca iria fazer nada."

Lucy Purdy tenta explicar as descobertas: "A insatisfação geral fez com que nos tornássemos muito complacentes e impacientes em relação a nossas próprias vidas. Queremos melhorar de condição agora. Como consequência, estamos assumindo dívidas. Mais importante, ter dívidas parece haver perdido qualquer implicação moral adversa."

De modo curioso, surpreendente, desconcertante, comprar a crédito é a única forma de compromisso a longo prazo que os habitantes do líquido mundo moderno não apenas toleram e defendem, mas assumem com satisfação. Eles até estão começando a ver a contração de um débito como um tipo benigno de compromisso que ajuda a enfrentar e vencer suas outras variedades, estas sim malignas. Uma crença que as empresas de cartão de crédito endossam de todo o coração, prometendo assumir e "restituir" o que você deve a outras empresas de cartão de crédito... Não há muita lógica nisso tudo, mas quem – com exceção de seus bardos, contratados ou voluntários – disse que a sociedade de consumo floresce sobre a conduta lógica, ou orientada pela lógica, de seus fregueses?

Por que motivo o crédito e a oportunidade de assumir uma dívida são considerados tão necessários, são oferecidos com tamanho entusiasmo, de modo tão alegre, e reconhecidamente aceitos? A resposta simples, imediata, e também, como vimos acima, mais comum é: para acelerar e aproximar satisfação de necessidades, desejos ou impulsos. Pensando melhor, porém (embora o ritmo turbilhonante do jogo da oferta e da procura dificilmente permita que se pense melhor), o principal serviço prestado pela facilidade de acesso ao crédito é simplificar a remoção de coisas não mais necessárias, desejadas e ambicionadas. Reflita um pouco mais e você verá que, quando comprar a crédito e viver em dívida se tornam normas ("Se não tem uma dívida, você é visto como financeiramente ingênuo"; assumir uma dívida "parece ser visto como a coisa inteligente a fazer", observa Neil Scafe, um dos pesquisadores da Publicis), eles penetram mais fundo na modalidade da vida de consumidor. Podem acelerar o nascimento de novos desejos e abreviar o tempo entre o nascimento de um desejo e sua satisfação – mas também aceleram a fragilização do desejo e sua substituição pelo ressentimento e a rejeição. De modo inevitável, eles abreviam o tempo de vida dos objetos de desejo, ao mesmo tempo que suavizam e aceleram sua viagem em direção à pilha de lixo. Com facilidades de crédito e débito sempre a seu alcance, por que desejaria você se apegar a uma coisa que "não lhe dá plena satisfação" (o que quer que signifique "plena satisfação")? O crédito e o débito são as parteiras do refugo, e nesse papel se encontra a causa mais profunda de sua espetacular carreira na sociedade dos consumidores.

Sobre Los Angeles, a cidade cujos moradores de outros centros urbanos gostariam que servisse de modelo às suas, Michelle Ogundehin escreve que ela tem "uma queda por pegar a fama de hoje e transformá-la no modismo esquecido de amanhã".[17] Há pouco tempo, a companhia arquitetônica Marmol Radziner e Associados obteve fama instantânea graças à ideia (admirável, chocante e bem original para os padrões locais) de retirar de uma casa de 1946, até então residência de Barry Manilow, as diversas camadas de modismos, e restaurá-la em sua forma prístina de "estilo moderno", há muito desprezado e esquecido. Essa espetacular exibição da arte de reciclagem do lixo deve ter tocado numa corda sensível; ao menos por um momento, os dois parceiros ditaram o padrão de gosto dos ricos da cidade. Estes agora "aderem a uma noção romântica": sonham com "algo atemporal". Atemporal? Seu sonho é "construir prédios bonitos que continuarão prestigiados vinte anos depois".

Nas revistas dedicadas a estilos de vida, as colunas que tratam das "novidades" ou do que está *in* (o que se deve ter, fazer e ser visto tendo e fazendo) ficam ao lado daquelas voltadas ao que está *out* e ao que você não deve ter ou fazer, nem ser visto tendo ou fazendo. As informações sobre a última moda vêm num pacote que inclui notícias sobre o último refugo: o tamanho da segunda parte do pacote de informações cresce de um número da revista para outro.

Caroline Roux admite (sob o título "O *look* de 2003", de modo que estejam advertidos: quando vocês lerem estas palavras, talvez a informação abaixo esteja gravemente defasada): "Eu não gostaria que os interiores fossem vítimas da mesma rotatividade viciosa que caracteriza a moda, mas eles são. E se você não gostaria de ser vista enterrada num modelo de roupa da Burberry do ano passado, por que desejaria investir num piso do ano passado?" E assim, por exemplo, "aqueles vasos grandes com lilases devem ir embora. Têm um glamour antiquado." "Não se delicie mais comprando plásticos translúcidos." "Amplos sofás de estilo contemporâneo são a resposta exata". "Emborrachados e linóleos já passaram um pouco de moda." E então vem o golpe final, para que os leitores não sintam, de maneira errônea, um ar de duplas intenções nesses veredictos e presumam ter obtido todo conhecimento de que necessitam, imaginando que o tempo do esperado descanso já chegou: "Neste momento eu optaria por um parquê de segunda mão. Mas repita a pergunta daqui a seis meses"[18].

Peter Paphides relembra com tristeza os antigos discos *singles* de sete polegadas: discos de curta duração que ofereciam o tipo de experiência prazerosa que nossos contemporâneos desejavam, sem taxar em demasia seu capital emocional e temporal. Uma possível interpretação desse tom nostálgico é que só agora amadurecemos o suficiente para avaliarmos o quanto os "velhos tempos" estavam à frente do "seu tempo" – ao falar, pelos nossos ouvidos, ao tipo de vida que agora vivemos e atender aos padrões que hoje lutamos por cumprir. "Há uma honestidade no *single*.

Ele vende uma canção, é apenas isso. Só vai permanecer enquanto for bem-vindo." "O *single* é como um encontro barato. Exige pouco comprometimento. Só lhe pede alguns trocados."[19] Você pode dizer: veio fácil, vai fácil. Não sentirá muita dor na hora da despedida – pensamento reconfortante. Tenha em mente: esse namoro não exige *compromisso*. Não passa de um namoro... Os namoros duram enquanto duram, terminam quando terminam.

O problema, contudo, é que até um "encontro barato" impõe uma taxação pesada quando se transforma, de um raro deleite festivo, numa compulsão duradoura – quando gera uma rotina permanente. É aí que entram os cartões de crédito e as facilidades de débito. Os desejos, como prometem os bancos que os emitem, ficam livres da espera. Mas também (embora as empresas de cartão de crédito sejam menos sinceras a esse respeito) livram a remoção do lixo de toda culpa; fazem sumir os tormentos espirituais de uma separação; afastam o perigo de uma permanência não mais bem-vinda em um encontro casual. Agora você pode administrar todos os encontros, ainda que caros, como se fossem baratos...

A beleza, juntamente com a felicidade, tem sido uma das mais excitantes promessas modernas e um dos ideais que instigam o inquieto espírito moderno. A história agitada e as aventuras semânticas do sonho de felicidade foram em breve descritas por mim em outro texto.[20] Agora é a vez da beleza. Sua história pode ser considerada paradigmática da origem e do desenvolvimento da líquido-moderna cultura do lixo.

Os conceitos que vieram à tona com maior frequência nos estágios iniciais do debate moderno sobre "o que é belo" foram harmonia, proporção, simetria, ordem e coisas desse tipo – todos convergindo no ideal formulado de modo mais vigoroso por Leone Battista Alberti: o de um arranjo em que qualquer alteração posterior só poderia ser para pior; um estado de coisas a que Alberti deu o nome de *perfeição*. E era o perfeito que tinha o direito de ser considerado belo. Muitos dos grandes artistas modernos lutaram para evocar esse estado de perfeição – na verdade, para fazer da busca da perfeição, no sentido atribuído por Alberti, o principal tema de seus trabalhos. Pense, por exemplo, em Mondrian, Matisse, Arp ou Rothko... Retire os retângulos coloridos das pinturas de Mondrian e tente rearrumá-los numa ordem diferente daquela escolhida pelo autor – e provavelmente você vai considerar seus arranjos, na verdade *todo e qualquer* arranjo alternativo, inferior, menos agradável, "feio"... Ou retire as figuras de *A dança* de Matisse e tente relacioná-las entre si de maneira diversa: certamente você vai experimentar frustração semelhante.

Mas qual é, em última instância, o significado de "perfeição"? Uma vez que o objeto adquira a forma "perfeita", qualquer alteração posterior é indesejável e desaconselhável. Perfeição significa que a alteração atingiu seu propósito e agora deve parar. Nada de outras mudanças. De agora em diante, tudo ficará como está – para sempre. O que é perfeito jamais perderá seu valor, jamais se tornará redundante, jamais será descartado e, assim, jamais será transformado em refugo – em vez disso, toda busca e experimentação posteriores serão, a partir de agora, redundantes. E, desse modo, ao mirar a perfeição, precisamos estender nossa imaginação ao máximo, utilizar todos os nossos poderes criativos – mas apenas para tornar a imaginação, no final, um passatempo perdulário e a criatividade não apenas desnecessária, mas indesejável... Se beleza significa perfeição, e alcançar a perfeição é o objetivo da busca, então, atingida a beleza, nada mais vai acontecer. Nada existe *depois* da beleza.

Permitam-me repetir o que foi dito no início deste capítulo: nós, seres humanos, somos, e não podemos deixar de ser, animais "transgressores" e "transcendentes". Vivemos à frente do presente. Nossas representações podem ser destacadas dos sentidos e correr na frente deles. O mundo em que vivemos está sempre um passo, ou um quilômetro, ou um ano-luz à frente do mundo que vivenciamos. A essa parte do mundo que se estende à frente da experiência vivida damos o nome de "ideais". A missão dos ideais é conduzir-nos a um território ainda inexplorado e não mapeado.

A "beleza" é um dos ideais que nos conduzem para além do mundo que já é. Seu valor está plenamente contido no seu poder de conduzir. Se já a tivéssemos atingido, ela teria perdido esse poder, e com ele seu valor. Nossa jornada teria chegado ao fim. Não haveria mais nada a transgredir ou transcender, e assim também não haveria vida humana tal como a conhecemos. Mas, graças à linguagem e à imaginação que ela torna tanto possível quanto inevitável, talvez não seja possível alcançar esse ponto.

Chamamos muitas coisas de "belas", mas não há um só objeto a que atribuímos esse nome do qual não possamos dizer que dispensa ser aperfeiçoado. A "perfeição" *é um eterno "ainda não"*, algo que está um ou mais passos à frente, que se pode alcançar, mas não realmente controlar. Com efeito, um estado de coisas em que nenhum aperfeiçoamento posterior será desejável só pode ser almejado por pessoas que têm muito a aperfeiçoar. A *visão* da perfeição pode ser um elogio à imobilidade, mas a *tarefa* dessa visão é puxar-nos e empurrar-nos para longe daquilo que é, impedir-nos de permanecer imóveis... *Imobilidade* é aquilo de que se ocupam os cemitérios – e, no entanto, paradoxalmente, é o *sonho da imobilidade* que nos mantém vivos e ocupados. Enquanto o sonho permanecer irrealizado, contamos os dias e os dias contam: existe um propósito, e também uma tarefa inconclusa a realizar... Como a grande cientista polonesa Marie Curie confidenciou ao irmão, com um misto de orgulho e vergonha: "Nunca se nota o que já foi feito, só conseguimos ver o que está por fazer..."

Não que essa tarefa – que se recusa, obstinada e furiosamente, a ser concluída – seja apenas uma bênção e traga uma felicidade não poluída. A condição de "negócio inacabado" tem muitos encantos, mas, tal como outras condições, carece de perfeição...

Como costumava dizer o grande sociólogo italiano Alberto Melucci: "Estamos contaminados pela fragilidade da condição presente, que exige um alicerce firme onde não existe alicerce algum." E assim, "ao contemplar a mudança, sempre nos dividimos entre o desejo e o medo, a expectativa e a incerteza".[21] É isso: *a incerteza*. Ou, como prefere Ulrich Beck, *o risco*: aquele companheiro (ou seria rastreador?) indesejado, desastrado e irritante, mas também obstinado, atrevido e inseparável, de toda expectativa – um espectro sinistro que assombra os inveterados tomadores de decisões que nós somos. Para nós, como Melucci afirmou energicamente, "a escolha tornou-se um destino".

"Tornou-se" talvez não seja o termo correto: afinal, pelos motivos já manifestados, os seres humanos são obrigados a fazer escolhas desde que se tornaram humanos. Mas podemos dizer que em nenhuma outra época foi necessário fazer escolhas que nos afetassem de modo tão profundo e com efeitos tão medonhos, todos os dias e sob condições de uma incerteza dolorosa mas incurável, com propósitos de ação e padrões de conduta que dificilmente duram o tempo necessário para serem atingidos e concluir a ação, sob a ameaça constante de sermos "deixados para trás", "não estarmos à altura das novas exigências" e (horror dos horrores) sermos expulso do jogo. O que separa a atual agonia da escolha dos desconfortos que atormentaram o *homo eligens*, o "homem que escolhe", em todos os tempos é a angustiante suspeita ou a descoberta dolorosa de que não existem regras claras e confiáveis, objetivos aprovados de validade universal que possam aliviar de todo, ou pelo menos em parte, aqueles que devem fazer escolhas de sua responsabilidade pelas consequências adversas – equivocadas ou imprevistas – do que escolheram. Não há pontos de orientação inconfundíveis nem diretrizes à prova de falhas, e as diretrizes e pontos de referência hoje considerados confiáveis tendem a ser desmascarados amanhã como ilusórios ou viciados.

De fato, tudo no "mundo que realmente existe" à nossa volta parece ser "até segunda ordem". No ano 2000, Donald Rumsfeld era diretor da poderosa empresa europeia de engenharia ABB, que vendia ao governo da Coreia do Norte projetos e componentes básicos para reatores nucleares; por volta do Natal daquele ano, Donald Rumsfeld, secretário de Defesa dos Estados Unidos, declarou a Coreia do Norte "um regime terrorista ... à beira do colapso", e alguns meses depois, após a queda de Bagdá, convocou-a a aprender a "lição adequada".[22] Empresas supostamente sólidas como rochas são desmascaradas como fantasias da imaginação de seus contadores. O que hoje é "bom para você" pode amanhã ser reclassificado como veneno. Compromissos em aparência inabaláveis e acordos solenes firmados podem ser rompidos da noite para o dia. E as promessas, ou pelo menos a maioria delas, parecem ser feitas para se trair ou romper. Parece não haver uma ilha estável e segura em meio às ondas. Citando mais uma vez Melucci: "Não temos mais um lar; somos repetidamente convocados a construir e reconstruir um, tal como os três porquinhos das histórias infantis, ou precisamos levá-lo nas costas, como os caramujos."

Resumo geral: em nenhuma outra época o memorável veredicto de Robert Louis Stevenson de que "viajar com esperança é melhor que chegar" teria soado mais verdadeiro que agora, em nosso liquidificado e fluido mundo moderno. Quando os destinos mudam de lugar ou perdem o encanto mais rápido que o trajeto que as pernas podem fazer, que os carros podem percorrer e os aviões voar, manter-se em movimento importa mais que o destino. Não tornar um hábito coisa alguma que se pratique no momento, não estar preso pelo legado do próprio passado, usar a identidade atual como se usa uma camisa que pode ser prontamente trocada quando em desuso ou fora de moda, rejeitar as lições do passado e abandonar antigas habilidades sem inibição nem remorso – estes se tornaram os selos da atual vida líquido-moderna e os atributos da racionalidade correspondente. A cultura líquido-moderna não mais se percebe como uma cultura do saber e da acumulação, como aquelas registradas nos relatos de historiadores e etnógrafos. Em vez disso, parece uma *cultura do desengajamento, da descontinuidade e do esquecimento.*

Nesse tipo de cultura, e nas estratégias de política de vida que ela valoriza e promove, não há muito espaço para ideais, menos ainda para os que estimulam um esforço de longo prazo, contínuo e sustentado, composto de pequenos passos que levam com segurança na direção de resultados reconhecidamente distantes. E não há espaço algum para um ideal de perfeição cujo encanto derive da promessa do *fim* da escolha, da mudança, do aperfeiçoamento. Para ser mais preciso, esse ideal ainda pode pairar sobre o mundo e a vida de um homem ou mulher líquido-moderno – mas somente como um sonho, um sonho que não mais se espera possa se tornar realidade e que raramente se deseja ver transformado em realidade; um sonho noturno que quase se dissipa à luz do dia.

É por isso que a beleza, em seu significado ortodoxo de ideal pelo qual se deve lutar e morrer, parece estar atravessando tempos difíceis.

Naquilo que George Steiner chamou de "cultura do cassino", todo produto cultural é calculado para o máximo impacto (ou seja, para dissolver, afastar e remover os produtos culturais de ontem) e a obsolescência instantânea (quer dizer, abreviar a distância entre a novidade e a lata do lixo, ter cuidado em não abusar da hospitalidade, e liberar rapidamente o palco para que nada fique no caminho dos produtos culturais de amanhã). Os artistas, que antes identificavam o valor de seu trabalho com a duração eterna e assim lutavam por uma perfeição que pusesse fim à mudança e lhes garantisse a eternidade, agora se distinguem produzindo instalações destinadas a serem desmontadas quando terminar a exposição, promovendo *happenings* que se encerram no momento em que os atores resolvem sair em outra direção, revestindo pontes até que o trânsito seja restaurado e embrulhando prédios inacabados até que se retomem os trabalhos de construção, e criando "esculturas espaciais" que convidam a natureza a cobrar o seu tributo e fornecer mais uma prova, se é que isso seria necessário, da absurda brevidade de todos os feitos humanos e da transitoriedade de seus rastros. Não se supõe – e muito menos se estimula – que alguém lembre qual foi o papo do momento de ontem, embora não se suponha – e muito menos se permita – que alguém possa evitar o papo do momento de hoje.

Para ser admitido na cultura do cassino da era líquido-moderna, é preciso ser despretensioso e onívoro, abster-se de definir com muita rigidez a sua preferência e de aderir a alguma por muito tempo, mostrar-se pronto a provar e aproveitar tudo que esteja atualmente em oferta e a ser pouco coerente e estável em suas predileções. A rejeição do novo é de mau gosto, e quem rejeita os riscos se arrisca a ser rejeitado. Mas igualmente incorreta e perigosa é a lealdade ao antigo. E o envelhecimento do novo, antes um longo processo, leva cada vez menos tempo. O "novo" tende a ficar "velho", a ser alcançado e ultrapassado, instantaneamente.

De maneira imperceptível, o significado de "beleza" está passando por uma mudança decisiva. Nos usos correntes dessa palavra, os filósofos com dificuldade reconheceriam os conceitos que eles, de modo tão apaixonado e laborioso, levaram séculos para construir. Mais que qualquer outra coisa, sentiriam falta do vínculo entre beleza e eternidade, valor estético e durabilidade. Não importa o grau da fúria presente em suas disputas, todos os filósofos costumavam concordar (atenção: *no passado!*) que a beleza está acima dos caprichos privados, volúveis e frágeis, e mesmo que pudesse ter existido uma "beleza à primeira vista", o fluxo do tempo é que a submetia ao único teste fidedigno – o teste definitivo e final. Os filósofos de hoje também sentiriam falta da "reivindicação de validade universal" que costumava ser vista como um atributo indispensável de qualquer julgamento propriamente estético. Esses são os atributos que foram jogados à margem com o advento da "cultura do cassino" e que estão conspicuamente ausentes dos atuais usos populares da palavra "beleza".

O mercado de consumo e o padrão de conduta que ele exige e cultiva são adaptados à "cultura do cassino" líquido-moderna, que, por sua vez, é adaptada às pressões e seduções do mercado. Os dois se dão bem entre si, se abastecem e se reforçam mutuamente. Para não desperdiçar o tempo de seus clientes, nem prejudicar ou impedir suas futuras mas imprevisíveis alegrias, o mercado de consumo oferece produtos destinados ao consumo imediato, de preferência para um único uso, seguido de rápida remoção e substituição, de modo que os espaços de vida não fiquem congestionados quando os objetos hoje admirados e cobiçados saírem de moda. Os clientes, confusos pelo turbilhão da moda, pela atordoante variedade de ofertas e o ritmo vertiginoso de sua mudança, não podem mais recorrer à capacidade de aprender e gravar – e assim precisam (e o fazem com gratidão) aceitar as garantias de que o produto atualmente em oferta é "a coisa", "a coisa *mais quente*", o "*must*", aquilo "(com/em) que devem ser vistos".

O valor estético "objetivo", eterno ou universal do produto é a última coisa com que devemos nos preocupar. Mas a beleza também não está "no olho do observador". Em vez disso, ela se localiza na moda de hoje, e assim tende a ficar feia no momento em que esta for substituída, como certamente o será em breve. Não fosse pela assombrosa capacidade do mercado de impor um padrão regular, ainda que de curta duração, sobre as escolhas do consumidor – em aparência individuais, e, portanto, potencialmente aleatórias e difusas –, este se sentiria desorientado e perdido. O gosto não é mais um guia seguro, aprender com o conhecimento já adquirido e basear-se nele é uma armadilha e não um auxílio, o *comme il faut* de ontem pode muito bem, sem aviso algum, transformar-se em *il ne faut pas*.

"A beleza reina", observa Yves Michaud em seu incisivo relatório sobre a situação da arte no líquido mundo moderno. "Sob todos os aspectos, ela se tornou um imperativo: seja belo ou pelo menos nos poupe de sua feiura."[23] Ser feio significa estar condenado ao depósito de lixo. Ao inverso, ter sido condenado ao depósito de lixo é tudo de que se necessita para se provar a feiura de alguém.

O "reinado da beleza" era aquilo com que sempre sonharam os artistas modernos, assim como os filósofos da estética que refletiam sobre seus trabalhos – ou não era? Então, o que testemunhamos: o triunfo final do belo? A realização de pelo menos um dos muitos projetos modernos ambiciosos?

Nem tanto, diria Michaud. De fato, a estética triunfou – mas sobre seu próprio objeto... A estética venceu, tornando os trabalhos artísticos ("preciosos e raros", "investidos de aura e qualidades mágicas", "singulares, refinados e sublimes") redundantes. "A 'estética' é hoje cultivada, difundida, distribuída, consumida num mundo esvaziado de trabalhos artísticos." A arte evaporou numa espécie de "éter estético", que, tal como o éter dos pioneiros da química moderna, permeia todas as coisas do mesmo modo e não se condensa em nenhuma delas. "Belos" são aqueles atletas do salto em distância com o traje da grife atualmente celebrado; corpos remodelados em academias, por cirurgias plásticas e pela última moda em maquiagem; produtos expostos nas prateleiras dos supermercados. "Até os cadáveres são belos – embrulhados com elegância em capas de plástico e alinhados na frente das ambulâncias." Tudo tem – ou pelo menos pode e deve tentar ter – seus quinze minutos, talvez até quinze dias, de beleza a caminho do depósito de lixo.

Podemos dizer que aquilo que os cemitérios são para os seres humanos, os museus o são para a vida das artes: locais para onde se removem os objetos não mais considerados vitais e ativos. Alguns cadáveres de seres humanos são enterrados em túmulos cobertos por lápides e visitados pelos que se sentem abandonados ou consternados por seu desaparecimento. Outros sumiram para sempre em cemitérios coletivos de localização desconhecida ou se desintegraram sem deixar rastros em aldeias incendiadas, fornos crematórios ou nas profundezas do rio da Prata. Alguns trabalhos de arte são colocados em museus, onde sua beleza, um dia aclamada, foi higienizada, esterilizada e embalsamada, a fim de se preservar, em conjunto com os sítios de escavação arqueológica, para os olhos dos amantes da história ou dos passageiros dos ônibus turísticos. Tanto cemitérios quanto museus são afastados do burburinho da existência cotidiana, separados das atividades da vida em seus espaços fechados com seus próprios períodos de abertura à visitação. Nos museus, tal como nos cemitérios, não se fala em voz alta, não se come, bebe, corre ou toca em objetos de valor, e mantêm-se as crianças atreladas.

O cenário da vida diária é diferente. É o local da estética, não dos *objets d'art*. É o palco de *performances* e *happenings* efêmeros, de instalações montadas a partir de materiais manifesta e deliberadamente perecíveis ou costuradas com retalhos de pensamentos imateriais. Nada do que é colocado e visto nesse palco se destina a permanecer ou ser conservado quando seu tempo acabar – fragilidade e transitoriedade são os nomes do jogo. O que quer que lá aconteça só pode carregar tanto significado quanto sua diminuta capacidade de carga admite e sustenta. Esse significado será, afinal, buscado e coligido por pessoas treinadas na arte de zapear – e os *zappers* surgem "depois do editor e antes que a palavra 'fim' apareça na tela".[24] Michaud fala do "novo regime de atenção que privilegia a vista d'olhos em relação à leitura e à decifração de significados. A imagem é fluida e móvel, menos um espetáculo ou um dado que um elemento de uma cadeia de ação." Tendo se separado da sequência referencial de que é parte, "a imagem está livre para ser utilizada à vontade por qualquer cortejo ou sucessão de fantasmas".

A realocação de imagens do foco da atenção para o depósito de lixo – a irrelevância e a invisibilidade – é aleatória. A discrepância entre "o objeto" e seus ambientes indiferentes foi quase obliterada, mais ou menos da mesma forma que o tempo que separa o momento de estar em foco daquele de ser afastado para longe dos olhos. Os objetos e o lixo trocam facilmente de lugar. Numa galeria de arte de Copenhague, eu admirava uma instalação formada por uma série de telas de TV com uma enorme legenda: "Terra Prometida". Achei a instalação provocadora e instigante – e não menos por haver um balde e uma vassoura ao lado, no final da série de imagens. Antes que eu tivesse tempo, porém, de imaginar seu significado pleno, uma faxineira veio recolher os instrumentos de trabalho que havia colocado num canto durante o cafezinho.

Só as estatísticas podem oferecer aos espectadores perplexos, perdidos em sua busca por beleza, um alívio para o caos provocado por uma estética livremente flutuante, sem objetos fixos. A salvação está nos números. Todas aquelas pessoas que exibem com orgulho seus últimos símbolos não podem estar erradas ao mesmo tempo... De modo mágico, o fato de as escolhas serem feitas em massa enobrece seu objeto. Este *deve* ser belo, do contrário não seria escolhido por tantas pessoas. A beleza está na vendagem elevada, nos recordes de bilheteria, nos discos de platina, nos picos de audiência da TV (Andy Warhol brincou uma vez: imagine um monte de notas presas a um cordão – 160 mil dólares... Que belo quadro!). Talvez a beleza também esteja em outro lugar, como os filósofos teimosamente insistem – mas como se poderia saber? E quem aprovaria suas descobertas, se você as procurasse em lugares bizarros, *de quoi on ne parle plus*? Mesmo os Antigos Mestres, cuja reputação, imagina-se, seja à prova de choque graças a sua idade venerável e ao número de testes por que passaram com triunfo no correr dos séculos, não podem ignorar as novas regras do jogo da beleza. Hoje é Vermeer, amanhã é Matisse, depois Picasso que "você deve ver e ser visto vendo", a depender da última exposição da moda, da qual "todo mundo que é alguém está falando". Como em todos os outros casos, a beleza não é uma qualidade de suas telas, mas a qualidade (quantitativamente avaliada) do *evento*.

Em nossa líquida sociedade moderna, a beleza encontrou o mesmo destino sofrido por todos os outros ideais que costumavam motivar a inquietude e a rebeldia humanas. A busca pela harmonia definitiva e pela permanência eterna foi redefinida simplesmente como uma preocupação equivocada. Os valores são valores desde que se ajustem ao consumo instantâneo, imediato. São atributos de *experiências momentâneas*. E assim é a beleza. E a vida consiste numa sucessão de experiências momentâneas.

"A beleza não tem uma utilidade óbvia, nem existe uma clara necessidade cultural para ela. No entanto a civilização não poderia passar sem ela", refletiu Freud. "Essa coisa inútil que nós esperamos que a civilização valorize é a beleza. Exigimos que o homem civilizado reverencie a beleza onde quer que a veja e a crie em objetos artesanais na medida de sua habilidade." A beleza, junto com a limpeza e a ordem, "ocupam obviamente uma posição especial entre os requisitos da civilização".[25]

Observemos que os três objetivos apresentados por Freud como "requisitos da civilização" são *horizontes imaginários* do processo civilizatório. Talvez fosse melhor, menos ilusório e controverso, falar em vez disso de *embelezamento, purificação* e *ordenamento*. Agora podemos ver com mais clareza do que as gerações anteriores, de setenta anos atrás, que o "processo civilizador" não é um período transitório, confinado no tempo, que leva a um estágio definitivo de civilização, mas a própria substância da "civilização". A ideia de uma civilização que concluiu o esforço de civilizar (que levou a cabo a tarefa de limpeza, a faina de ordenamento e a busca pela beleza) é tão incongruente quanto a de um vento que não sopra e a de um rio que não flui.

Foi da fome de beleza que as civilizações (ou seja, os esforços para "civilizar", o "processo civilizatório") nasceram. Longe de aplacar essa fome, contudo, elas parecem tê-la tornado mais insaciável.

"Seu carro passa por uma revisão todo ano. Por que não seu relacionamento?", indaga Hugh Wilson.[26] De fato. O que vale para os carros também vale para os relacionamentos. Ou seja, ambos só fazem sentido se atendem às suas necessidades e enquanto você estiver satisfeito com a forma como isso se dá... Seria tolo imaginar que eles continuarão desempenhando bem suas tarefas para sempre e que seu contentamento será eterno.

Afinal, os carros envelhecem, perdem parte de seu brilho, deixam de funcionar – não basta mais colocar a chave na ignição para movimentá-los; precisam de cada vez mais atenção para se manterem capazes de rodar. A atenção que exigem torna-se desgastante em termos de tempo e energia. A lei dos ganhos decrescentes parece estar em operação. De início, o menor movimento que você faça traz toda uma série de novas e gratificantes sensações inexploradas – mas, para extrair cada sucessiva sensação agradável, mais e mais investimentos em cuidado, dedicação e trabalho se fazem necessários. Será que tudo isso vale a pena? Há por aí tantos carros mais novos, melhores, mais bonitos e atraentes, mais fáceis de operar, com reações mais rápidas. É hora de pensar em mudança. É hora de jogar o carro velho no lixo. De qualquer forma, ele não estava destinado a durar para sempre – ou estava?

Somos consumidores numa sociedade de consumidores. A sociedade de consumidores é uma sociedade de mercado. Todos nos encontramos totalmente dentro dele, e ora somos consumidores, ora mercadorias. Não admira que o uso/consumo de relacionamentos se aproxime, e com rapidez, do padrão de uso/consumo de carros, repetindo o ciclo que começa na compra e termina na remoção do lixo. "Viver junto" dura em média até dois anos na Grã-Bretanha, onde 40% dos casamentos terminam em divórcio. Nos Estados Unidos, a razão – crescente – é de um em cada dois. Hugh Wilson sugere que, sob tais circunstâncias, uma revisão anual ou semestral, para muitas pessoas, parece uma coisa razoável de se fazer – já que "assumir um relacionamento em fatias semestrais ... é parte da tendência a uma visão de curto prazo entre os casais em aparência comprometidos". Nos Estados Unidos, o projeto de institucionalizar contratos de casamento renováveis a cada dois (e pelo menos a cada dez) anos atrai um apoio público cada vez mais ruidoso e generalizado. Wilson cita a dra. Elayne Savage, autora de um livro com o título revelador de *Breathing room: creating space to be a couple* [Quarto para respirar: criando espaço para ser um casal]. Segundo ela, "as relações renováveis podem ser a resposta para aqueles que se sentem cada vez mais desconfortáveis diante do compromisso total".

Savage aprova essa solução, recomendando acordos anuais "de negociação", bem ao modelo do padrão dos "contratos flexíveis", de popularidade crescente no mercado de trabalho.

Um número cada vez maior de observadores acredita, com sensatez, que amigos e amizades desempenham um papel vital em nossa sociedade tão individualizada. Com o desmantelamento das tradicionais estruturas de apoio fornecidas pela coesão social, as relações tecidas a partir da amizade poderiam transformar-se em nossas tábuas de salvação. Ray Pahl, ao assinalar que, em nossa era de escolha, a amizade – "o relacionamento social arquetípico da escolha" – é a opção natural, vê a amizade como o "comboio social" da vida moderna tardia.[27] A realidade, contudo, parece ser menos linear. Na vida "moderna tardia" ou "líquido-moderna", os relacionamentos são um assunto ambíguo e tendem a ser os focos de uma ambivalência mais aguda e exasperante: o preço da companhia que todos desejamos com tamanho ardor é invariavelmente a renúncia, ao menos parcial, à independência, não importa o quanto desejaríamos a primeira sem a segunda...

A ambivalência contínua resulta em dissonância cognitiva, estado mental notoriamente aviltante, desqualificador e difícil de suportar. Esta, por sua vez, atrai o usual repertório de estratagemas, dos quais o mais utilizado é reduzir, minimizar e desprezar um dos dois valores inconciliáveis. Submetidos a pressões contraditórias, muitos relacionamentos, de qualquer modo destinados a serem apenas "até segunda ordem", acabarão se rompendo. O rompimento é uma expectativa razoável, algo que se deve prever e estar preparado para enfrentar. Desse modo, parceiros sensatos prefeririam (nas palavras de Wilson) "introduzir desde o início cláusulas que garantam uma 'saída' fácil"; "queremos que a parte da saída seja tão indolor quanto possível".

Quando a elevada probabilidade do desgaste é calculada no processo de construir vínculos de relacionamento, a precaução e a prudência mandam que se cuide com antecedência da instalação de armazenagem de lixo. Afinal, planejadores urbanos sensatos não se arriscariam a dar início à construção de um prédio antes de obterem a permissão para demoli-lo, generais hesitariam em enviar suas tropas ao campo de batalha sem terem preparado um cenário viável para a fuga, e os empregadores em geral se queixam de que a adoção dos direitos trabalhistas e as restrições à demissão de empregados tornam quase impossível ampliar o nível de emprego.

Anushka Asthana relata "a mania do encontro veloz" (uma espécie de "esteira de bagagem dos encontros") que há pouco tempo tomou de assalto os Estados Unidos e logo em seguida Londres. "Onze mesas são colocadas em fila, as moças sentadas nas que lhes foram destinadas, os rapazes se revezando em frente a cada uma delas. Depois de três minutos, uma campainha gigante toca e, estejam no meio de uma frase ou não, é hora de ir em frente."[28] Se você quiser repetir o encontro, coloca um bilhete numa caixa destinada a isso. Se a pessoa do outro lado da mesa sentir e fizer o mesmo, haverá outro encontro. Do contrário, é o fim da história. Adele Testani, presidente de uma empresa que oferece essa versão simplificada do galanteio, propícia ao consumidor do tipo "pule o desnecessário" e "se não estiver satisfeito, pode devolver", assinala que isso "agora é socialmente aceitável". Bastam três minutos, pois "você percebe como a pessoa é e pode eliminá-la se for do tipo errado". O que é mais importante, a segurança – uma garantia de que, a menos que você deseje, os três minutos não se tornarão três dias ou três meses (ou, que Deus nos livre, três anos) – está garantida: não é permitido trocar números de telefone. Depois do café e do chá gelado, chegou o encontro instantâneo.

Qual é o atrativo do "encontro veloz" para ter se tornado da noite para o dia um surpreendente sucesso comercial? A oportunidade de "eliminar as preliminares" poderia ser uma resposta, mas é improvável que seja a única razão. Muito mais importante parece ser "a campainha gigante" que toca a cada três minutos e deixa tanto você quanto seu parceiro momentâneo sem outra opção, a não ser se separar. Negociar *o início* da parceria é sem dúvida um processo complexo que exige uma coragem e uma habilidade de que muitos carecem (um dos entrevistados de Asthana gabou-se de que, em vez de um encontro por mês, que era o seu normal, ele conseguira, em uma sessão, marcar "quatro encontros para as próximas semanas"), mas negociar *a saída* tende a ser um teste definitivamente traumático que põe à prova, de maneira extrema, os poderes espirituais da pessoa. E quanto mais longa a parceria, mais profundo o trauma. Clarividente, Simon Procter, o cérebro por trás de outra empresa voltada para o encontro veloz, acertou na mosca: "Se você não gostar, pode sair rapidinho." O problema da remoção do lixo foi resolvido antes de começar.

Você pode achar que o outro lado do negócio – marcar um encontro depois de apenas três minutos trocando olhares e frases cortadas – é arriscado. Seria, se os relacionamentos que estão para se iniciar fossem previstos para durar para sempre. São apenas três minutos "para conhecer o amor da minha vida", diz o título da reportagem – e que tipo de conhecimento se pode obter antes que soe a campainha gigante? Felizmente, a espécie de parceria que a maior parte dos clientes do encontro veloz poderia assumir é um contrato negociado do tipo "devolução do produto" com duração de uma revisão até outra – e o risco envolvido em tal relacionamento é muito menos atemorizante. As apostas são garantidas. Com depósitos de lixo em boas condições operacionais e disponíveis de imediato, você pode correr o risco da velocidade.

O encontro veloz é apenas um de uma série crescente de estratagemas oferecidos no mercado "consumidor-amigo" das "relações humanas" (mais precisamente, de seus substitutos produzidos em massa e de qualidade inferior, porém mais baratos). Por exemplo, anúncios pessoais on-line, que eliminam até mesmo o risco dos três minutos de exposição para as consequências de longo prazo advindas de uma escolha imprudente e extemporânea. Nas palavras de Emma Taylor e Lorelei Sharkey, "se sua vida amorosa fosse uma conta bancária, seu anúncio pessoal seria seu caixa eletrônico, proporcionando-lhe acesso fácil e instantâneo a qualquer coisa que você quisesse (sexo casual, amor verdadeiro, amizade colorida), quando quisesse".[29] Elas deveriam ter acrescentado que, ao usar o caixa eletrônico, você retira exatamente a quantia que está pronto a gastar e preparado para perder. Desse modo, a perda – embora não evitável de todo – será calculada por antecipação e, portanto, vai doer menos. Os parceiros não se queixarão dos custos e de sacrifícios extenuantes: tendo se conhecido por meio de anúncios pessoais, os dois saberão que são "ambos solteiros e procuram", e assim – assinalam Taylor e Sharkey –, "você resolve marcar o encontro – e bum!".

Barbara Ellen pondera os ganhos e perdas dos emergentes "relacionamentos a longa distância".[30] Eles oferecem, insinua ela, a oportunidade de uma "esquiva emocional". Podemos dizer que, se a longa distância for devidamente mantida, as emoções desencadeadas de maneira inevitável por um relacionamento, por mais desejáveis e bem-vindas que possam ser, mas que também ameaçam fincar raízes e durar mais que o conveniente, se descarregam muito antes que isso aconteça, em irrupções periódicas curtas e agudas, evitando o momento desconcertante da remoção de lixo por atacado. De um evento trágico e traumático, um divisor de águas enervante e áspero, a remoção do lixo se transforma numa longa série de atos insignificantes e quase indolores. Ela passa a ser um hábito: as viagens regulares ao depósito de lixo são fáceis e desprovidas de teatralidade, quase rotineiras, uma vez que são sistematicamente ensaiadas. A "esquiva emocional" num "relacionamento a longa distância" tem, portanto, uma clara vantagem sobre a proximidade continuada (apelidada de "presenteísmo"): os parceiros podem "esquivar-se das partes entediantes (brigar, prestar atenção) e fazer tudo que é divertido (o sexo, o bate-papo)".

Parcerias assumidas de modo instantâneo, logo consumidas e removidas podem, contudo, ter seus efeitos colaterais, não menos dolorosos que o efeito da timidez que as empresas de encontro veloz prometem anular. O espectro da pilha de lixo nunca se afasta muito. Afinal, a velocidade e os serviços de remoção de lixo estão disponíveis para os dois lados. Você pode terminar na condição descrita por Oliver James: envenenado por "uma constante sensação de que faltam outras pessoas em sua vida, com sentimentos de vazio e solidão semelhantes à privação". Você pode ter "o medo eterno de ser abandonado por amantes e amigos". A condição aqui diagnosticada parece ser uma consequência natural, lógica e racional de uma vida salpicada de parcerias estabelecidas de modo instantâneo e da mesma forma rompidas, mas James encontra sua causa na "depressão dependente", uma doença orgânica ou física, clínica e curável, e afirma que "as origens desse problema se encontram muitas vezes na infância". A "insensibilidade" gerada em sua infância pela "falta de empatia do responsável" "se incorpora ao seu cérebro como um conjunto de padrões elétricos e níveis químicos".[31] Uma explicação científica como essa pode afastar a culpa do sofredor e reduzir o grau de autocensura e autorreprovação. Seu outro efeito, porém, é uma absolvição do modo de vida que fez da condição denominada "depressão dependente" uma aflição tão comum.

Confrontar francamente esse modo de vida, para não dizer desafiá-lo, procurando e acumulando forças determinadas a reformá-lo, decerto se mostraria um longo esforço: não uma proposta que encontrasse muitos entusiastas em nossa cultura da velocidade, da satisfação instantânea e da remoção imediata do lixo. Somos treinados para buscar e esperar soluções mais simples – e consertos mais rápidos. Como na receita mágica oferecida pelo autor de uma coluna semanal de "Bem-estar", escrevendo sob o pseudônimo de "Médico de Pés Descalços": um exercício de "apenas seis minutos" vai fazer de você "a garota ou o rapaz mais magnético do seu quarteirão".[32] Seis minutos do quê? De uma forma particular de postura em pé, descrita pelo Médico de Pés Descalços nos mínimos detalhes, de "respirar com liberdade e fluidez", de imaginar-se "aspirando a força vital pelas solas dos pés, trazendo-a do solo para o baixo-ventre"...

"Quatro encontros marcados para as próximas semanas", seis minutos "aspirando a força vital pelas solas dos pés, trazendo-a do solo para o baixo-ventre"... Diga-me quais são seus sonhos e eu lhe direi do que você mais sente falta e quais são seus temores. O que todos parecemos temer, sofrendo ou não de "depressão dependente", à plena luz do dia ou tomados por alucinações noturnas, é o abandono, a exclusão, sermos rejeitados, reprovados, deserdados, largados, despojados daquilo que somos, impedidos de ser o que desejaríamos. Temos medo de nos deixarem sós, indefesos e infelizes. Sem companhia, corações amorosos ou mãos amigas. Temos medo de sermos despejados – de nossa viagem rumo à sucata. O que mais sentimos falta é da certeza de que tudo isso não vai acontecer – não conosco. Sentimos falta da isenção – da ameaça ubíqua e universal da isenção. Sonhamos com a imunidade aos eflúvios tóxicos dos depósitos de lixo.

Os horrores da exclusão emanam de duas fontes, embora dificilmente tenhamos clareza sobre sua natureza, que dirá para tentarmos distinguir uma da outra.

Há os movimentos, guinadas e correntes que parecem aleatórios, acidentais e de todo imprevisíveis daquilo que, à falta de um termo mais preciso, chamamos de "forças da globalização". Eles mudam, a ponto de tornarem irreconhecíveis e sem aviso, as paisagens e os perfis urbanos familiares que eram as âncoras em que se sustentava a nossa permanente e confiável segurança. Eles embaralham as pessoas e destroem suas identidades sociais. Podem transformar-nos, de um dia para o outro, em refugiados ou "migrantes econômicos". Podem revogar nossas certidões de identidade ou invalidar as identidades certificadas. E todos os dias nos lembram que podem fazê-lo impunemente – quando jogam em nossas portas aquelas pessoas que já foram rejeitadas, forçadas a fugir para salvarem suas vidas ou a se afastarem de casa em busca da sobrevivência, privadas de identidade e de autoestima. Odiamos essas pessoas porque sentimos que aquilo que elas sofrem diante de nossos olhos bem pode se mostrar, e muito em breve, um ensaio de nosso próprio destino. Fazendo o possível para afastá-las de nossas vistas – recolhê-las, trancá-las em acampamentos, deportá-las –, pretendemos exorcizar esse espectro. Só podemos queimar as "forças da globalização" em sua efígie. Não parece que tenhamos outras formas de fazer a ansiedade evaporar-se a não ser acendendo piras.

Mas não é possível que toda a ansiedade se transforme em fumaça – seu volume é muito grande, e os suprimentos são desde logo reabastecidos. Os resíduos não incinerados escorrem para outro nível – o da política –, onde se misturam com os temores similares que exalam da destruição dos vínculos humanos e da desintegração das solidariedades grupais. Seguindo os notórios hábitos da coruja de Minerva, não há nada de que falemos em tom mais solene ou prazeroso que das "redes" de "conexão" ou "relacionamento", apenas porque a "coisa autêntica" – as redes tecidas com cuidado, as conexões firmes e seguras, os relacionamentos plenamente maduros –, desmoronou. Como Richard Sennett descobriu no Vale do Silício, estufa das tecnologias mais modernas e posto avançado da versão atual do admirável mundo novo, a média de permanência em qualquer emprego é de cerca de oito meses:[33] e essa é uma vida ditosa, invejada e imitada com avidez por todo o planeta.

Nessas condições, pensar a longo prazo está obviamente fora de questão. E onde não há pensamento a longo prazo, nenhuma expectativa de "vamos nos ver novamente", dificilmente pode haver um senso de destino compartilhado, um sentimento de irmandade, um impulso de cerrar fileiras, ficar ombro a ombro ou marchar no mesmo passo. A solidariedade tem pouca chance de brotar e fincar raízes. Os relacionamentos destacam-se sobretudo pela fragilidade e a superficialidade. Mais uma vez citando Sennett, "a presença puramente temporária na companhia de alguém impele as pessoas a manterem distância" – a se melindrarem com o engajamento mais próximo e a suspeitarem do compromisso duradouro. Muitos de nós, talvez a maioria, não podem ter certeza de por quanto tempo ficarão onde estão agora, nem por quanto tempo ficarão as pessoas que hoje compartilham esse lugar e com eles interagem. Se os vínculos atuais podem ser rompidos a qualquer momento, parece tolice investirmos nosso tempo e recursos tentando reforçá-los e fortalecê-los para evitar o desgaste.

Falamos de modo compulsivo sobre redes e tentamos obsessivamente invocá-las (ou pelo menos seus fantasmas) por meio do "namoro veloz", dos anúncios pessoais e dos encantos mágicos do "envio de mensagens" porque sentimos dolorosamente a falta das teias de segurança que as autênticas redes de parentesco, amizade e irmandade de destino costumavam prover de modo concreto, com ou sem nossos esforços. Os catálogos de telefones celulares fazem as vezes de comunidade ausente e se espera que substituam a intimidade perdida. Espera-se que sustentem um monte de expectativas que elas não têm força para erguer, que dirá para aguentar. Como pondera Charles Handy, "divertidas elas podem ser, essas comunidades virtuais, mas criam apenas uma ilusão de intimidade e um simulacro de comunidade". Substituem com pobreza o ato de "colocar os joelhos sob a mesa, olhar o rosto das pessoas e ter uma conversa real".[34] Num estudo sofisticado e incisivo a respeito das consequências culturais da "era da insegurança", Andy Hargreaves escreve sobre "os laços episódicos das pequenas interações" que cada vez mais substituem "as conversas e os relacionamentos familiares sistemáticos".[35] Ele cita a opinião de Clifford Stoll de que, expostos a "contatos facilitados" pela tecnologia eletrônica, perdemos a capacidade de nos engajarmos em interações espontâneas com pessoas reais.[36]

De fato, ficamos com vergonha dos contatos cara a cara. Tendemos a pegar os celulares e apertar furiosamente suas teclas enviando mensagens para evitar "que nos tornemos reféns do destino", e fugir das interações complexas, confusas, imprevisíveis – difíceis de interromper e abandonar – com aquelas "pessoas autênticas" que estão fisicamente presentes à nossa volta. Quanto mais amplas (e banais) se tornam nossas comunidades-fantasmas de encontros de três minutos e mensagens telefônicas, mais desanimadora nos parece a tarefa de costurar e sustentar as verdadeiras comunidades.

Como sempre, os mercados de consumo estão ávidos por nos ajudarem a nos livrar de nossos apuros. Partindo de uma sugestão de Stjepan Mestrovič,[37] Hargreaves insinua que "as emoções são extraídas desse mundo faminto de tempo das relações enfraquecidas, sendo reinvestidas em coisas consumíveis. A publicidade associa os automóveis à paixão e ao desejo, e os celulares à inspiração e à sensualidade." Mas não importa o quanto os comerciantes possam tentar, a fome que prometem saciar não vai embora. As pessoas talvez tenham sido recicladas em mercadorias de consumo, mas estas não podem ser transformadas em pessoas. Não no tipo de pessoas que inspiram nossa busca desesperada por raízes, parentesco, amizade e amor.

Devemos admitir que as mercadorias substitutas têm uma vantagem em relação à "coisa autêntica". Prometem libertar-nos das agruras da negociação interminável e do compromisso incômodo; juram eliminar a desagradável necessidade de autossacrifício, acordos e concessões mútuas que todos os vínculos íntimos e amorosos cedo ou tarde vão exigir. Vêm com a oferta da recuperação de perdas no caso de você achar todos esses esforços pesados demais para serem suportados. Seus vendedores garantem também a fácil e frequente substituição dos produtos no momento em que eles não mais lhe forem úteis ou em que outros produtos, novos, aperfeiçoados e ainda mais sedutores, apareçam pela frente. Em suma, as mercadorias encarnam a derradeira falta de razão e a capacidade que as escolhas têm de serem revogáveis, assim como a extrema descartabilidade dos objetos escolhidos. Mais importante ainda, parecem colocar-nos no controle. Somos nós, os consumidores, que traçamos a linha divisória entre o útil e o refugo. Tendo por parceiras as mercadorias, podemos deixar de nos preocupar em terminar na lata de lixo.

De modo inadvertido, as mercadorias comercializáveis encarnam o paradoxo decisivo da cultura do lixo.

Em primeiro lugar, é o horrível espectro do descartável – da redundância, do abandono, da rejeição, da exclusão, do desgaste – que nos faz buscar a segurança num abraço humano.

Em segundo lugar, é dessa viagem que somos desviados para os shoppings.

Em terceiro, é a própria descartabilidade, magicamente reciclada de doença terminal em terapia, que lá encontramos e que somos estimulados a levar para casa e guardar em nosso estojo de primeiros socorros.

Confortados por nosso conhecimento, sentamo-nos para assistir – absortos, encantados, enfeitiçados e arrebatados – à próxima temporada de *Big Brother*, *The weakest link*, *Survivor* ou da última versão de *reality show*. Todos nos contam a mesma história: que ninguém, a não ser uns poucos vencedores solitários, é realmente indispensável, que uma pessoa só é útil a outra enquanto puder ser explorada, que a lata de lixo, último destino dos excluídos, é o futuro natural daqueles que não mais se ajustam ou não desejam ser explorados dessa maneira, que sobrevivência é o nome do jogo da convivência humana, e que o derradeiro propósito da sobrevivência é sobreviver aos outros. Ficamos fascinados com o que vemos – tal como Dalí ou De Chirico desejavam que ficássemos diante de suas telas ao se esforçarem por exibir os conteúdos mais profundos e ocultos de nossos medos e fantasias subconscientes.

O Big Brother mais antigo, aquele criado pela pena de George Orwell, governava fábricas fordistas, acampamentos militares e outras incontáveis prisões, grandes e pequenas, do tipo Bentham/Foucault – seu único desejo era manter nossos ancestrais lá dentro e trazer as ovelhas desgarradas de volta ao rebanho. O Big Brother do *reality show* está preocupado unicamente em manter os homens (e mulheres) estranhos – os desajustados ou menos ajustados, os menos inteligentes ou menos determinados, os menos dotados e os menos habilidosos – de fora. E uma vez fora, eternamente fora.

O antigo Big Brother estava preocupado em *incluir* – integrar, colocar as pessoas na linha e mantê-las assim. A preocupação do novo Big Brother é a *exclusão* – identificar as pessoas "desajustadas" no lugar onde estão, bani-las de lá e deportá-las para o lugar "que é delas", ou melhor, jamais permitir que se aproximem. O novo Big Brother fornece aos agentes da imigração listas de pessoas cuja entrada não deve ser permitida, e, aos banqueiros, as listas daquelas que não devem figurar na companhia de quem merece crédito. Ele instrui os guardas sobre quem deve ser detido na entrada, sem direito a ingressar na comunidade cercada. Inspira os vigilantes do bairro a observarem e expulsarem os gatunos e vagabundos suspeitos – estranhos fora de lugar. Oferece aos proprietários circuitos fechados de TV para manterem os indesejados longe das portas de suas casas. É o padroeiro de todos os leões de chácara, quer a serviço de uma boate ou de um ministro de Estado do Interior.

É claro que a notícia do falecimento do Big Brother ao velho estilo foi, como apontou Mark Twain num texto famoso, amplamente exagerada. Ambos os Big Brothers – o antigo e o novo – sentam-se lado a lado nas cabines de controle de passaportes dos aeroportos, mas o novo examina com minúcia os documentos de viagem na chegada, enquanto o antigo os verifica, de modo mais superficial, na partida.

O antigo Big Brother está vivo e mais equipado que nunca – mas agora é encontrado com mais facilidade nas partes periféricas e marginalizadas do espaço social, tais como guetos urbanos, campos de refugiados ou prisões. Ali, permanece a antiga tarefa de manter as pessoas em forma e colocá-las na linha quando elas se desviam. Tal como cem anos atrás, esse Big Brother é o patrono de todas as variedades de carcereiros. Esse é, poder-se-ia dizer, um papel importante – e um papel que, por ser mantido sob os holofotes e amplamente divulgado, é comumente considerado até mais importante que de fato é. Mas agora trata-se de um papel secundário, subordinado, suplementar em relação ao desempenhado pelo Big Brother ao novo estilo. Sua verdadeira tarefa é tornar um pouco mais fácil o trabalho deste. Entre eles, os dois irmãos policiam e servem à linha de fronteira entre o "dentro" e o "fora". Suas respectivas esferas de ação funcionam bem em conjunto, dependendo da sensibilidade, da porosidade e da vulnerabilidade das fronteiras.

Juntos, eles abrangem todo o universo social. Só é possível sair do reino soberano de um Big Brother para entrar na propriedade do outro – e uma das funções do Big Brother ao estilo antigo é fazer com que você encare a irritante e repulsiva atenção de seu irmão mais novo como uma graça salvadora, uma operação salva-vidas e a garantia de uma existência segura e jubilosa. A crueldade desumana do primeiro sustenta a duplicidade diabólica do segundo. Isto é, na medida em que a única escolha oferecida pelo mundo em que avançamos diariamente a partir das nossas realizações e no qual se tecem as nossas existências é entre ficar na linha e ser rejeitado – entre as jurisdições do primeiro ou do segundo dos dois Big Brothers que presidem conjuntamente o jogo da inclusão obrigatória e da exclusão compulsória.

Por todo o último século, nossos ancestrais enfrentaram os poderes assustadores do Big Brother, lutando para derrubar os muros, as cercas de arame farpado e as torres de vigilância, sonhando em seguir os caminhos de sua própria escolha no momento por eles preferido. Parecem ter realizado grande parte do seu sonho, de modo que muitos de seus descendentes podem manter o Big Brother que os vigiava a uma distância segura das estradas que percorrem – mas apenas para caírem sob o olhar vigilante do Big Brother número 2. No limiar de um novo século, a grande questão para a qual nós, seus descendentes, teremos de encontrar uma resposta é se a única escolha aberta aos seres humanos é entre os Big Brothers 1 e 2: se o jogo da inclusão/ exclusão é a única maneira pela qual se pode conduzir a vida humana em comum e a única forma concebível que nosso mundo compartilhado pode assumir – receber – como resultado.

· Notas ·

Introdução *(p.7-15)*

1. Ítalo Calvino, *Le città invisibili* (Einaudi, 1972), aqui citado a partir da tradução de William Weaver, *Invisible cities* (Vintage, 1997), p.67-8, 114-6.
2. Ivan Klima, *Laska a Smeti* (1986), aqui citado a partir da tradução de Ewald Osers, *Love and garbage* (Vintage, 2002), p.15-6.

1. No começo era o projeto *(p.17-46)*

A epígrafe foi extraída de Franz Kafka, "Amizade", in *The Collected Stories of Franz Kafka*, Londres, Penguin, 1983.
1. Ver John Carvel, "Depression on the Rise among Young", *Guardian*, 27 nov 2002.
2. Siegfried Kracauer, "The Group as a Bearer of Ideas", in *Das Ornament der Masse* (1963), aqui citado na tradução de Thomas Y. Levin, *The Mass Ornament: Weimar Essays*, Harvard University Press, 1995, p.143.
3. "Travel and dance", in *The Mass Ornament*, p.68-9.
4. Danièle Linhart, Barbara Rist e Estelle Durand, *Perte d'emploi, perte de soi*, Erès, 2002.
5. Danièle Linhart, "Travail émietté, citoyens déboussolés", *Manière de Voir* 66, nov-dez 2002, p.10-13.
6. Samuel Butler, *Erewohn*, Prometheus Books, 1998, p.94.
7. "Funes, his Memory", in Jorge Luis Borges, *Collected Fictions*, Londres, Penguin, 1998, p.129-37.
8. Milan Kundera, *Ignorance*, Faber, 2002, p.123-4.
9. "On Exactitude in Science", in Borges, *Collected Fictions*, p.5.
10. Mary Douglas, *Purity and Danger: An Analysis of Concepts of Pollution and Taboo*, Londres, Penguin, 1970, p.12.
11. Idem, p.49.
12. Kracauer, *The Mass Ornament*, p.161.

13. Douglas, *Purity and Danger*, p.12 e 48.
14. Lewis Mumford, *The City in History: Its Origins, its Transformations, and its Prospects*, Nova York, 1961, p.450-1.
15. Ver Edmund R. Leach, "Magical Hair", in John Middleton (org.), *Myth and Cosmos: Readings in Mythology and Symbolism*, Natural History Press, 1967, p.77-108.
16. Tzvetan Todorov, *Devoirs et délices. Une vie de passeur* (entrevistas com Catherine Portevin), Paris, Seuil, 2002, p.304.
17. Tim Jordan, "Technopower and its Cyberfutures", in John Armitage e Joanne Roberts (orgs.), *Living with Cyberspace: Technology and Society in the Twenty-First Century*, Continuum, 2002, p.125.
18. Geoffrey Bennington, *Interrupting Derrida*, Routledge, 2000, p.164.
19. Giorgio Agamben, *Homo sacer. Il potere sovrano e la nuda vita* (1995), aqui citado segundo a tradução de Daniel Hellen-Roazen, *Homo Sacer: Sovereign Power and Bare Life*, Stanford University Press, 1998, p.27, 18.
20. Idem, p.82.
21. Idem, p.83.
22. Giorgio Agamben, *Mezzi senza fine* (1996), aqui citado segundo a tradução de Vincenzo Binetti e Cesare Casarino, *Means without Ends*, University of Minnesota Press, 2000, p.67-8.

2. Serão eles demasiados? *(p.47-80)*

1. *Report of the TUC*, 1883, p.39.
2. J.B. Jeffreys, *Labour's Formative Years*, Lawrence and Wishart, 1948.
3. Ver Jacques Donzelot, Catherine Mével e Anne Wyvekens, "De la fabrique sociale aux violences urbaines", *Esprit*, dez de 2002, p.13-4.
4. Cit. in Herman Merivale, *Lectures on colonization and colonies*, Green, Longman and Roberts, 1861, p.154.
5. Citado in Herman Merivale, *Lectures on Colonization and Colonies*, Green, Longman and Roberts, 1861, p.541.
6. Theodore Roosevelt, *The Winning of the West: From the Alleghenies to de Mississipi*, 1769-1776, G.P.Putnam, 1889, p.90.
7. De acordo com Alfredo M. Serres Gülirades, *La estrategia de general Roca*, Pleamar, 1979, p.377-8, citado em Marivale, *Lectures*.
8. Ver Chris McGreal, "Bedouin Feel the Squeeze as Israel Resettles the Negev desert", *Guardian*, 27 fev 2003, p.19.
9. Stefan Czarnowiski, "Luzdie zbe dni w stubie przemocy" (Pessoas redundantes a serviço da violência), 1935, in *Dziela*, vol.2, PWN, 1956, p.186-93.
10. Hauke Brunkhorst, "Global Society as the Crisis of Democracy", in Mikael Carleheden e Michael Hviid Jacobsen (orgs.), *The Transformation of Modernity: Aspects of the Past, Present and Future of an Era*, Ashgate, 2001, p.233.
11. Richard Rorty, "Failed Prophecies, Glorious Hopes", *Philosophy and Social Hope*, Penguin, 1999, p.203.
12. Ver Mikhail Bakhtin, *Rabelais and his World*, MIT Press, 1968.
13. Ver "The Burrow", in Naum N. Glazer (org.), *The Collected Short Stories of Franz Kafka*, Penguin, 1988, p.325-59.

14. Siegfried Kracauer, "Franz Kafka: On his Posthumous Works", *Das Ornament der Masse*, 1963, aqui citado a partir da tradução de Thomas Y. Levin, *The Mass Ornament: Weimer Essays*, Harvard University Press, 1995, p.268.
15. Ver Robert Castel, *Méthamorphoses de la question sociale. Une chronique du salariat*, Paris, Fayard, 1995.
16. Ver Ulrich Beck, *Risiko Gesellschaft. Auf dem Weg in einere andere Moderne*, Sukhrkamp, 1986, aqui citado a partir da tradução de Mark Ritter, *Risk Society*, Sage, 1992, p.137.
17. Ver Anna More, "Raising a False Alarm", *Observer Magazine*, 26 jan 2003, p.85-6.
18. Ver Stephen Castles, "Toward a Sociology of Forced Migration and Social Transformation", *Sociology*, 1, 2003, p.13-34.
19. Philippe Robert e Laurent Mucchielli, *Crime et insecurité. L'état de savoirs*, La Découverte, 2002. Ver também "Une genéalogie de l'insecurité contemporaine. Entretien avec Philippe Robert", *Esprit*, dez 2002, p.35-58.
20. Hans-Jorg Albrecht, "Immigration, Crime and Safety", in Adam Crawford (org.), *Crime and Insecurity: The Governance of Safety in Europe*, Willan, 2002, p.159-85.
21. Adam Crawford, "The Governance of Crime and Insecurity in an Anxious Age: The Trans-European and the Local", idem, p.32.
22. Leon Zedner, "The Pursuit of Security", in T. Hope e R. Sparks (orgs.), *Crime, Risk and Insecurity*, Routledge, 2000, p.201.
23. Isto é, se A vem antes de B (ou coincide com B), isso não prova que A e B têm uma relação de causa e efeito.
24. Jelle van Buuren, "Le droit d'asile refoulé à la frontière", *Manière de Voir*, mar-abr, 2002, p.76-80.
25. Rachel Shabi, "The e-waste land", *Guardian Weekend*, 30 nov 2002, p.36-9.
26. Naomi Klein, "Fortress continents", *Guardian*, 16 jan 2003, p.23. O artigo foi publicado primeiro em *Nation*.

3. A cada refugo seu depósito de lixo (p.81-117)

1. Ver François de Bernard, *La Pauvreté durable*, Felin, 2002, p.37-9.
2. Richard Rorty, "Globalization, the Politics of Identity and Social Hope", Philosophy and Social Hope, Londres, Penguin, 1999, p.229-39.
3. "Des Königs viele Lieber. Die Selbstdekonstruktion der Hierarchie des Recht", *Soziale Systeme*, 2, 1996; E.-W. Böckenförde, *Staat, Verfassung Demokratie*, Suhrkamp, 1991.
4. Hauke Brunkhorst, "Global Society as the Crisis of democracy", *The Transformation of Modernity*, Ashgate, 2001, p.236.
5. Ver Zygmunt Bauman, *Society under Siege*, Polity, 2002.
6. Stewart Hall, "Out of a clear blue sky", Soundings, inverno, 2001-2, p.9-15.
7. David Garland, *The Culture of Control: Crime and Social Order in Contemporary Society*, Oxford University Press, 2001, p.236.
8. Loïc Wacquant, "Comment la 'tolérance zéro' vint à l'Europe", *Manière de Voir*, mar-abr, 2001, p.38-46.
9. Ver Peter Andréas e Timothy Snyder, *The Wall around the West*, Rowman and Littlefield, 2000.

10. Ulf Hedetoft, *The Global Turn: National Encounters with the World*, Aalborg University Press, 2003, p.151-2.
11. Rosa Luxemburgo, *The Accumulation of Capital*, Routledge, 1961, p.387 e 416.
12. Na época da Guerra do Golfo, "quando Saddam voltou as armas de seu helicóptero contra os curdos do Iraque, eles tentaram fugir para o norte pelas montanhas, para a Turquia – mas os turcos se recusaram a deixá-los entrar. Chicotearam-nos fisicamente até voltarem às fronteiras. Ouvi um oficial turco dizer: 'Nós odiamos essas pessoas. Eles são porcos filhos da mãe.' Desse modo, durante semanas, os curdos ficaram presos nas montanhas, a 10 graus abaixo de zero, às vezes somente com a roupa que tinham no corpo na hora da fuga. As crianças foram as que mais sofreram; disenteria, tifo e subnitrução..."; ver Maggie O'Kane, "The Most Pitful Sights I Have ever Seen", *Guardian*, 14 fev 2003, p.6-11.
13. Garry Younge, "A World Full of Stranges", *Soundings*, inverno, 2001-2, p.18-22.
14. Ver Alan Travis, "'Treatment of Asylum Seekers 'Is Inhumane'", *Guardian*, 11 fev 2003, p.7.
15. Ver Alan Travis, "Blunkett to Fight Asylum ruling", *Guardian*, 20 fev 2003, p.2.
16. Ver Michel Agier, *Aux bords du monde, les refugies*, Flammarion, 2002, p.55-6.
17. Idem, p.86.
18. Idem, p.94
19. Idem, p.117.
20. Idem, p.120.
21. Ver Sharon Stenton Russell, "Refugees: Risks and Challenges Worldwide", *Migration Information Source*, 26 nov 2002.
22. Ver Fabienne Rose Emilie le Houerou, "Camps de la soif au Soudan", *Le Monde Diplomatique*, mai 2003, p.28.
23. Ver Loïc Wacquant, "Urban Outcasts: Stigma and Division in the Black American Ghetto and the French Urban Periphery", *International Journal of Urban and Regional Research*, 3, 1999, p.365-83; "A Black City within the White: Revisiting America's Black Ghetto", *Black Renaissance*, outono-inverno, 1998, p.142-51.
24. Ver Loïc Wacquant, "Deadly Symbiosis: when Ghetto and Prison Meet and Mesh", Punishment and Society, 1, 2002, p.95-134.
25. Jerome G. Miller, *Search and Destroy: African-American Males in the Criminal Justice System*, Cambridge University Press, 1997, p.101.
26. Wacquant, "Deadly Symbiosis".
27. Ver "Une généalogie de l'insécurité contemporaine", entrevista com Philippe Robert, *Esprit*, dez 2002, p.35-58.
28. Ver Hughes Lagrange e Thierry Pech, "Délinquance: les rendez-vous de l'état social", *Esprit*, dez 2002, p.71-85.
29. Wacquant, "Comment la tolérance zéro", p.40.
30. Ver Henry A. Giroux, "Global Capitalism and the Return of the Garrison State", *Arena Journal*, 19, 2002, p.141-60.
31. Garland, The Culture of Control, p.177-8.
32. Idem, p.180.

33. Idem, p.184-5
34. Idem, p.178.

4. A cultura do lixo *(p.119-66)*

1. Ver Jorge Luis Borges, *Collected Fictions*, trad. Andrew Hurley, Penguin, 1998, p.183-95.
2. Hans Jonas, "The burden and blessing of mortality", Hasting Center Report, 1, 1992, p.34-40.
3. Ernest Becker, *The Denial of Death*, Free Press, 1973, p.7.
4. Idem, p.7, 4, 5.
5. Ver capítulo "Diversions", *Pensées*, Penguin, 1966, p.66-72.
6. Max Scheler, *Tod und Fortleben*, aqui citado a partir da tradução polonesa de Adam Wegrzecki, Cierpienie Smierc, Dalsze Zycie, PWN, 1993.
7. George Steiner, *Errata: An Examined Life*, Phoenix, 1998, p.85.
8. Citação a partir de *The Brothers Karamazov*, em tradução do autor, segundo edição de 1970, Karelskoe Knizhnoe Izdatelstvo, Petrozavodsk, p.78ss, 636, 702-3.
9. Larry Jay Young, Diminished Being (Oslo University College, 2002, p.150ss.
10. Para esta e a próxima citação, ver Conal Walsh, "Fallen idols of the free market", *Observer*, 26 jul 2002, p.8-9.
11. Aqui e adiante, relato de Erik Baard, Village Voice, 22-8 jan 2003, citado a partir de *Guardian*, 8 fev 2003.
12. Oliver Burkman, "My dad is a living deterrent...", *Guardian*, 21 mar 2001.
13. Richard Sennet, *The Corrosion of Character*, Norton, 1998.
14. John Kotter, *The New Rules*, Dutton, 1995, p.159.
15. Ver o relato de Ben Summerskill e Tom Reilly em *Observer*, 19 jan 2003, p.13.
16. Ver Frédéric F. Clairmont, "Vivre à crédit ou le credo de la première puissance du monde", *Le Monde Diplomatique*, abr 2003, p.20-1.
17. Ver Michelle Ogundehin, "California Dreams", *Observer Magazine*, 12 jan 2003, p.36-7.
18. Ver Caroline Roux, "To Die For", *Guardian Weekend*, 1º fev 2003.
19. Ver Peter Paphides, "Seven Inches of Heaven", *Guardian Weekend*, 16 nov 2002, p.54ss.
20. Ver Bauman, *Society under Siege*, Polity, 2002, cap.4.
21. Ver Alberto Melucci, *The Playing Self: Person and Meaning in the Planetary Society*, Cambridge University Press, 1996, p.43ss. Esta é uma visão mais ampla do original italiano publicado em 1991 sob o título de *Il gioco dell'io*.
22. Ver Randeep Ramesh, "The two faces of Rumsfeld", *Guardian*, 9 mai 2003, p.1.
23. Yves Michaud, *L'art à l'état gazeux. Essai sur la triomphe de l'esthétique*, Stock, 2003, p.7, 9, 77, 120-1.
24. S. Daney, *La salaire du zappeur*, POL, 1993, p.12.
25. Sigmund Freud, *Civilization, Society and Religion*, vol.12, The Pelican Freud Library, Penguin, 1991, p.271, 281 e 282.
26. Aqui e adiante, ver Hugh Wilson, "This years's love", *Observer Magazine*, 10 nov 2002, p.74-5.

27. Ver Ray Pahl, *On Friendship*, Polity, 2000.
28. Ver Anushka Asthana, "I have only Three Minutes to get to Know the Love of my Life", *Observer*, 26 jan 2003, p.50.
29. Emma Taylor e Lorelei Sharkey, "Personal Ads Are for Lonely Hearts", *Guardian Weekend*, 19 abr 2003, p.7.
30. Barbara Ellen, "Being in a relationship is like being at the office...", *Observer Magazine*, 20 abr 2003, p.7.
31. Ver Oliver James, "Constant craving", *Observer Magazine*, 19 jan 2003, p.71.
32. Ver "Taking a stand", *Observer Magazine*, 19 jan 2003, p.73.
33. Ver Richard Sennet, "Flexibilité sur la ville", *Manière de Voir*, nov-dez, 2002, p.59-63.
34. Charles Handy, *The Elephant and the Flea*, Hutchinson, 2001, p.204.
35. Andy Hargreaves, *Teaching in the Knowledge Society: Education in the Age of Insecurity*, Open University Press, 2003, p.25.
36. Clifford Stoll, *Silicon Snakeoil*, Doubleday, 1995, p.58.
37. Stjepan Mestrovič, *Postemotional Society*, Sage, 1997.

· Agradecimentos ·

Meus agradecimentos vão, como já ocorreu tantas vezes, para John Thompson, pela precisão dos insights críticos e seus inestimáveis conselhos, e para Ann Bone, pelo carinho e a paciência exemplar com que identifica e corrige os erros do autor, removendo seus traços de preguiça e negligência.

ESTA OBRA FOI COMPOSTA POR MARI TABOADA EM AVENIR E MINION
E IMPRESSA EM OFSETE PELA GRÁFICA PAYM SOBRE PAPEL PÓLEN SOFT
DA SUZANO S.A. PARA A EDITORA SCHWARCZ EM FEVEREIRO DE 2022

A marca FSC® é a garantia de que a madeira utilizada na fabricação do papel deste livro provém de florestas que foram gerenciadas de maneira ambientalmente correta, socialmente justa e economicamente viável, além de outras fontes de origem controlada.